Jürgen Weber, Johannes Georg, Robert Janke und Simone Mack
Nachhaltigkeit und Controlling

Herausgeber der Schriftenreihe: Prof. Dr. Dr. h.c. Jürgen Weber

Prof. Dr. Dr. h.c. Jürgen Weber lehrt Controlling an der WHU – Otto Beisheim School of Management in Vallendar. Seine Devise ist: »Nichts ist so gut für die Praxis wie eine gute Theorie«. Er ist Herausgeber der *Zeitschrift für Controlling und Management* sowie Autor zahlreicher Fachartikel und Bücher, u. a. der *Einführung in das Controlling*, und darüber hinaus einer der Gründungspartner der Managementberatung CTcon.

Johannes Georg (Dipl.-Kfm.) ist wissenschaftlicher Mitarbeiter am Institut für Management und Controlling (IMC) an der WHU – Otto Beisheim School of Management und arbeitet dort für das Center for Controlling & Management (CCM). Sein Forschungsgebiet ist die Institutionentheorie und der Implementierungsprozess von Nachhaltigkeit in Unternehmen, mit der Fokussierung auf die Wirkung der Einführung von Controllinginstrumenten. Vor seiner Tätigkeit am IMC studierte er Betriebswirtschaftslehre an der Friedrich-Schiller-Universität Jena und an der Högskolan Dalarna (Schweden).

Robert Janke, Diplom-Wirtschaftsingenieur, hat an der Technischen Universität Darmstadt und der Ecole Polytechnique Fédérale de Lausanne studiert. Am Institut für Management und Controlling (IMC) an der WHU – Otto Beisheim School of Management arbeitet er als wissenschaftlicher Mitarbeiter im Center für Controlling & Management (CCM). Sein Forschungsschwerpunkt liegt im Bereich der Einflussfaktoren für die Veränderung von Controllingsystemen.

Simone Mack, Diplom-Kauffrau und Master of Science, studierte an der Universität Mannheim und an der Michigan State University. Sie ist wissenschaftliche Mitarbeiterin am Institut für Management und Controlling (IMC) an der WHU – Otto Beisheim School of Management und arbeitet dort für das Center for Controlling & Management (CCM). Ihr Forschungsschwerpunkt liegt im Bereich Einführung von Controllingsystemen und Institutionentheorie.

Jürgen Weber, Johannes Georg, Robert Janke
und Simone Mack

Herausgeber der Schriftenreihe:
Prof. Dr. Dr. h.c. Jürgen Weber

Nachhaltigkeit und Controlling

Advanced Controlling, Band 80

WILEY-VCH Verlag GmbH & Co. KGaA

DeInventarisiert

1. Auflage 2012

Alle Bücher von Wiley-VCH werden sorgfältig erarbeitet. Dennoch übernehmen Autoren, Herausgeber und Verlag in keinem Fall, einschließlich des vorliegenden Werkes, für die Richtigkeit von Angaben, Hinweisen und Ratschlägen sowie für eventuelle Druckfehler irgendeine Haftung.

**Bibliografische Information
der Deutschen Nationalbibliothek**
Die Deutsche Nationalbibliothek verzeichnet diese Publikation in der Deutschen Nationalbibliografie; detaillierte bibliografische Daten sind im Internet über http://dnb.d-nb.de abrufbar.

© 2012 WILEY-VCH Verlag & Co. KGaA, Boschstraße 12, 69469 Weinheim, Germany

Alle Rechte, insbesondere die der Übersetzung in andere Sprachen, vorbehalten. Kein Teil dieses Buches darf ohne schriftliche Genehmigung des Verlages in irgendeiner Form – durch Fotokopie, Mikroverfilmung oder irgendein anderes Verfahren – reproduziert oder in eine von Maschinen, insbesondere von Datenverarbeitungsmaschinen, verwendbare Sprache übertragen oder übersetzt werden. Die Wiedergabe von Warenbezeichnungen, Handelsnamen oder sonstigen Kennzeichen in diesem Buch berechtigt nicht zu der Annahme, dass diese von jedermann frei benutzt werden dürfen. Vielmehr kann es sich auch dann um eingetragene Warenzeichen oder sonstige gesetzlich geschützte Kennzeichen handeln, wenn sie nicht eigens als solche markiert sind.

Printed in the Federal Republic of Germany

Gedruckt auf säurefreiem Papier.

Satz   Kühn & Weyh, Freiburg
Druck und Bindung   CPI – Ebner & Spiegel GmbH, Ulm
Umschlaggestaltung   init GmbH, Bielefeld
ISBN: 978-3-527-50652-1

Inhalt

Vorwort 7

1 Einführung 9
Motivation und Ziel des Bandes 9
Struktur des Bandes 10
Überblick über die empirische Studie und die Unternehmensbeispiele 10

2 Bedeutung von Nachhaltigkeit 13
Definition von Nachhaltigkeit und Unternehmensbeitrag 13
Wichtige interne Akteure und Kontextfaktoren 18
Bedeutung und interner Stellenwert 31
Zusammenfassung 45

3 Nachhaltigkeitsstrategie 47
Durchführung einer strategischen Analyse 47
Festlegung der Nachhaltigkeitsstrategie 53
Verknüpfung mit der Geschäftsstrategie 63
Zusammenfassung 64

4 Nachhaltigkeit in der Unternehmenskultur 65
Unternehmenswerte und Unternehmenskultur 65
Steuerungswirkung der Unternehmenskultur 68
Verankerung in der Unternehmenskultur 69
Zusammenfassung 72

5 Steuerung von Nachhaltigkeit 73
Ziele und Ausgestaltungsformen einer Steuerung 73
Prozesssteuerung 75
Zielsteuerung 81
Zusammenfassung 89

6 Rolle des Controllings bei der Steuerung von Nachhaltigkeit 91
Mögliche Rollen des Controllings bei der Steuerung von Nachhaltigkeit 91
Gründe für und gegen eine Beteiligung des Controllings 95
Zusammenfassung 99

7 Zusammenfassung und Ausblick *101*

8 Literaturverzeichnis *105*

9 Stichwortverzeichnis *107*

In eigener Sache *109*

Vorwort

Controller haben in den vergangenen Jahren eine bemerkenswert erfolgreiche Entwicklung genommen. In vielen Unternehmen ist der Wandel vom Beancounter zum Business Partner erfolgreich vollzogen. Die Krise hat den Einfluss der Controller nochmals gestärkt. Allerdings ist das kein Grund sich auszuruhen. Neue Herausforderungen stehen an. Zu den vielen Themen, die in der Unternehmensführung zunehmend an Bedeutung gewinnen, zählt auch die Nachhaltigkeit des Handelns, sei es in ökonomischer, sozialer oder ökologischer Hinsicht.

Die Bedeutung ökologisch nachhaltigen Handelns ist längst zu einem ökonomisch relevanten Aspekt geworden. Der CO_2-Ausstoß wird erhebliche Kosten verursachen, wenn die Zertifikate nicht mehr kostenlos sind. Manche Branchen werden davon in ganz erheblichem Maße betroffen sein, wie etwa die Logistik, deren Manager das Thema ganz oben auf der Agenda haben. In anderen Branchen bildet die ökologische Nachhaltigkeit längst einen wichtigen Baustein im Marketing-Konzept. Der »Carbon Footprint« steht schon jetzt bei vielen Produkten in der Ansprache der Kunden an exponierter Stelle. In manchen umkämpften Märkten kann man dadurch den entscheidenden Vorsprung vor der Konkurrenz gewinnen. Der wirtschaftliche Effekt geht also deutlich über die damit verbundenen Kosten hinaus und kann eine Differenzierung im Wettbewerb ermöglichen.

Die ökonomische Bedeutung sollte Grund genug dafür sein, dass sich die Controller intensiv um das Thema Nachhaltigkeit kümmern. Hierzu müssen viele Controller aber erst einmal wieder »die Schulbank drücken«. An vielen ist das Thema bisher weitgehend vorbeigegangen. Wir wollen deshalb in diesem Band einen möglichst umfassenden Überblick über Nachhaltigkeit und ihre Berücksichtigung in der Unternehmenssteuerung geben. Wir belassen es dabei nicht bei konzeptionellen Überlegungen, sondern spiegeln diese auch an den Erfahrungen von Großunternehmen, die wir im letzten Jahr intensiv zu dem Thema befragt haben. Die Ergebnisse sind aber keinesfalls auf Großunternehmen beschränkt – nur im Bereich der konkreten Trägerschaft von Aufgaben gilt es Spezifika zu beachten.

Weil Nachhaltigkeit ein derart breites Thema darstellt, fällt dieser AC-Band länger aus, als Sie es in unserer Schriftenreihe gewohnt sind. Wir sind trotzdem der Überzeugung, dass jede Seite gut angelegt ist und Sie nach dem Studium des Bandes einen verlässlichen Überblick über das Thema gewonnen haben. Diese Basis sollte dann auch ausreichen, konkrete Überlegungen für Ihre eigene Positionierung anzustellen.

Viel Spaß beim Lesen.
Ihr Jürgen Weber

1 Einführung

Motivation und Ziel des Bandes

Die Menschheit hat einen hohen und stetig steigenden Ressourcenverbrauch bei gleichzeitig begrenzten Ressourcen. Diese Entwicklung führt zu einer zunehmenden Knappheit an Ressourcen. Gewisse Ressourcen werden künftigen Generationen nicht mehr oder nur noch in begrenztem Maße zur Verfügung stehen. Dies schränkt ihre Möglichkeiten, die eigenen Bedürfnisse zu befriedigen, ein. Die Ressourcenknappheit zeigt sich in besonderem Maße bei der Verfügbarkeit von Energieträgern wie Erdöl, Gas oder Kohle. Alternativen sind entweder unproduktiver (zum Beispiel Ölsand) oder haben negative Auswirkungen auf andere Aspekte der Nachhaltigkeit (zum Beispiel Biosprit). Ferner führt der aktuell hohe Ressourcenverbrauch nicht nur zu einer Ressourcenknappheit, sondern auch zum Klimawandel. Dieser entsteht als ein Nebeneffekt des hohen Verbrauchs fossiler Brennstoffe. Aus diesen Gründen ist das Thema Nachhaltigkeit zum Megatrend des 21. Jahrhunderts geworden.

Die Herausforderung, eine nachhaltige Entwicklung sicherzustellen, ist nicht nur eine Aufgabe des Staates oder der Gesellschaft. Auch Unternehmen müssen einen Beitrag zum Thema Nachhaltigkeit leisten. Hierbei sehen sich Unternehmen mit zahlreichen Anforderungen konfrontiert, die von gesetzlichen Vorschriften über einen öffentlichen Druck im Generellen bis hin zu geänderten Kundenbedürfnissen reichen. Die Unternehmen reagieren darauf, indem sie Strategien zum Thema Nachhaltigkeit entwerfen, spezielle Organisationseinheiten im Unternehmen für Nachhaltigkeit schaffen und Projekte und Maßnahmen zu diesem Thema starten. Dieses Zusammenspiel zwischen dem Einfluss des Umfeldes und der Reaktion der Unternehmen darzustellen und zu strukturieren, ist ein wesentlicher Inhalt dieses AC-Bandes. Damit wollen wir auch Empfehlungen für einen systematischen Umgang mit dem Thema Nachhaltigkeit geben.

Eine passende Nachhaltigkeitsstrategie zu entwerfen und diese zielgerichtet umzusetzen, bedeutet eine erhebliche Herausforderung für das Management, dies auch deshalb, weil die Erfahrungen auf dem Gebiet bislang eher gering sind. Das Management benötigt folglich umfassende Unterstützung, etwa bei der Bewältigung der Herausforderung, soziale und ökologische Aspekte zu quantifizieren und zu monetarisieren, um eine

Eine steigende Ressourcenknappheit und der Klimawandel sind ursächlich für den Megatrend Nachhaltigkeit

Der Band stellt die Folgen von Nachhaltigkeit für Unternehmen dar und macht Vorschläge für einen Umgang mit der Thematik

Steuerung der Thematik und einen Vergleich mit der ökonomischen Perspektive zu ermöglichen. Vor diesem Hintergrund stellt sich die Frage, ob das Controlling, als verantwortlicher Bereich für die finanzielle Steuerung, diese Aufgabe übernehmen sollte. Deshalb geht dieser AC-Band ausführlich auf die Rolle des Controllings beim Thema Nachhaltigkeit ein und diskutiert das Für und Wider verschiedener Positionierungen.

Struktur des Bandes

Der vorliegende Band gliedert sich in sieben Kapitel. Nach dieser Einleitung gehen wir im ersten Schritt auf die Bedeutung von Nachhaltigkeit ein. Im Kapitel 2 werden die Grundlagen für diesen Band gelegt, indem Nachhaltigkeit definiert und eine Konzeptionalisierung für den Unternehmenskontext vorgestellt wird. Danach beschreiben wir das Umfeld der Unternehmen. Hier stellen wir wesentliche interne und externe Akteure und Kontextfaktoren vor, welche die Nachhaltigkeitsaktivitäten in Unternehmen beeinflussen.

Als Teil der Empfehlung für die Umsetzung von Nachhaltigkeit gehen wir im Kapitel 3 auf eine strategische Analyse als Basis für die Entwicklung einer Nachhaltigkeitsstrategie ein. Darauf aufbauend werden verschiedene Elemente einer solchen Strategie und ihre Ausgestaltung gemäß den Anforderungen des Umfelds dargestellt. Im Kapitel 4 zeigen wir, wie Nachhaltigkeit in die Unternehmenskultur integriert werden kann. Eine solche Verankerung ist ein wichtiger Schritt, damit es zu einer Berücksichtigung der Thematik im täglichen Handeln der Mitarbeiter kommt.

Die empirische Studie basiert auf 23 ausführlichen Interviews in neun deutschen Großunternehmen

Das Kapitel 5 widmet sich der Steuerung von Nachhaltigkeit. Hierbei wird ein besonderer Fokus auf eine Prozess- und Zielsteuerung gelegt. Darauf aufbauend stellt das Kapitel 6 mögliche Rollen des Controllings bei der Steuerung dar. Der AC-Band schließt mit einer Zusammenfassung (Kapitel 7).

Überblick über die empirische Studie und die Unternehmensbeispiele

Dieser AC-Band basiert auf 23 Interviews, die im Zeitraum von April bis Dezember 2010 in neun deutschen Großunternehmen verschiedener Branchen durchgeführt wurden; acht der Unternehmen sind im DAX-30 gelistet. In diesen Unternehmen wurden jeweils der Leiter des Konzerncontrollings und der Nachhaltigkeitsverantwortliche befragt. Zudem wurde in den Unternehmen, in denen ein Carbon Accounting-System aufgebaut wird, der dafür Verantwortliche befragt. Dieser war entweder dem Controlling oder der Nachhaltigkeitsabteilung zugeordnet. Themen der Interviews waren:

- Das Verständnis und die Konzeption von Nachhaltigkeit,
- die Gründe für die Beschäftigung des Unternehmens mit Nachhaltigkeit,
- die Nachhaltigkeitsstrategie und die Nachhaltigkeitsziele des Unternehmens,
- die Organisation der Nachhaltigkeitsaktivitäten,
- die Steuerung und Informationsversorgung in Bezug auf Nachhaltigkeit sowie

- die Rolle des Controllings bei der Steuerung und Informationsversorgung.

Die Interviews boten Raum für eine individuelle Schwerpunktsetzung. So konnten wir auf die unterschiedlichen Perspektiven und Hintergründe der Interviewpartner eingehen. Die Interviews wurden anschließend umfangreich ausgewertet und bilden den empirischen Bezugspunkt für unsere konzeptionellen Überlegungen.

Dieser AC-Band enthält zudem – wie Sie es als Leser der Schriftenreihe gewohnt sind – einige Unternehmensbeispiele. Für sie haben Vertreter verschiedener Unternehmen für ein Interview zur Verfügung gestanden oder einen kurzen Beitrag geschrieben.

Der Band enthält sieben Beispiele aus der Unternehmenspraxis

2 Bedeutung von Nachhaltigkeit

Ist das Thema Nachhaltigkeit von Bedeutung für Unternehmen? Und wenn ja, warum und inwiefern ist es bedeutend? Ist Nachhaltigkeit für Unternehmen verschiedener Branchen von unterschiedlicher Bedeutung? Was bedeutet Nachhaltigkeit und reden alle Beteiligten eigentlich vom gleichen Thema, wenn sie den Begriff Nachhaltigkeit verwenden? Insbesondere die Beantwortung dieser Fragen ist Gegenstand dieses einführenden Kapitels.

Zunächst gehen wir dazu auf die Definition von Nachhaltigkeit und ihre Konzeptionalisierung in Unternehmen ein. Anhand der Konzeptionalisierung wird auch die Motivation der Unternehmen für die Beschäftigung mit Nachhaltigkeit abgeleitet. Danach geben wir einen Überblick über die Akteure und Kontextfaktoren, die das Thema Nachhaltigkeit in Unternehmen wesentlich beeinflussen. Dies beinhaltet auch wichtige Forderungen und Einflüsse in Bezug auf Nachhaltigkeit, mit denen sich Unternehmen auseinandersetzen müssen. Der letzte Abschnitt leitet dann die Bedeutung von Nachhaltigkeit für Unternehmen aus diesen Forderungen ab und zeigt, welch starker Einfluss dabei internen Akteuren und Kontextfaktoren (zum Beispiel die Motivation des Vorstands) zukommt.

Definition von Nachhaltigkeit und Unternehmensbeitrag

Beginnen wir mit der Definition und der Konzeptionalisierung des Nachhaltigkeitsbegriffs. Beides soll ein grundlegendes Verständnis darüber vermitteln, was unter der Forderung, nachhaltig zu handeln, verstanden werden kann und wie Unternehmen ihren Beitrag zu einer nachhaltigen Gestaltung der Gesellschaft abgrenzen. Zunächst werden wir dazu den Nachhaltigkeitsbegriff definieren und die Kernaussagen dieser Definition herausarbeiten. Darauf aufbauend wird die Grundproblematik dargestellt, die sich aus dieser Definition für die Gesellschaft – und damit auch für Unternehmen – ergibt. Abschließend stellen wir dar, wie Unternehmen ihren Beitrag zur Nachhaltigkeit konzeptionalisieren und welche Handlungsmaxime sie damit für sich festlegen.

Nachhaltigkeitsbegriff

Nachhaltigkeit ist ohne Zweifel zu einem Trendwort des 21. Jahrhunderts geworden. Mittlerweile muss jedes Handeln nachhaltig sein, jede »gute« politische Entscheidung muss eine nachhaltige Wirkung erzielen und jede »gute« Innovation sollte einen Beitrag zur Nachhaltigkeit leisten. Es scheint so, dass das Zauberwort »Nachhaltigkeit« jede Aussage richtig, relevant und unangreifbar macht.

Eine Analyse der wichtigsten deutschen Medien, die am Institut für Management und Controlling durchgeführt wurde, verdeutlicht, dass der Begriff dort derzeit rund viermal so häufig verwendet wird wie im Jahr 1993. Zudem fällt auf, dass sich zahlreiche unterschiedliche Interessengruppen um das Thema gebildet haben und sich entsprechend positionieren. Dazu gehören Forschungsinstitute (zum Beispiel WRI – World Resources Institute), Lehrstühle (zum Beispiel Lehrstuhl für Allgemeine Betriebswirtschaft und Nachhaltiges Management an der Universität Bremen), Unternehmensverbände (zum Beispiel Econsense), Nicht-Regierungs-Organisationen (zum Beispiel OIKOS – Student Organisation for Sustainable Development) oder auch Beratungs- und Wirtschaftsprüfungsunternehmen, die ihr Dienstleistungsportfolio zum Beispiel um die Entwicklung von Nachhaltigkeitsstrategien erweitern, um nur einige zu nennen.

Mit der inflationären Verwendung des Begriffs und der Vielzahl der beteiligten Akteure geht eine zunehmende Unklarheit über die Bedeutung des Wortes einher. Was bedeutet es beispielsweise, wenn eine Investor Relations-Abteilung den Anlegern eine »nachhaltige« Steigerung des Shareholder Value verspricht? Welches Ziel soll mit der Forderung nach einer »nachhaltigen« Landwirtschaft durch Verbraucherschützer tatsächlich verfolgt werden? Vor diesem Hintergrund ist es wichtig, zu Beginn dieses Bandes darzustellen, was Nachhaltigkeit im Kern bedeutet, um Unternehmen eine Orientierung zu geben.

Die bekannteste Definition von Nachhaltigkeit ist die Definition der Vereinten Nationen, besser bekannt als Brundtland-Definition. Demzufolge wird Nachhaltigkeit wie folgt definiert (Vereinte Nationen 1987): »*Eine nachhaltige Entwicklung ist eine Entwicklung, welche den Bedürfnissen der heutigen Generation entspricht, ohne die Möglichkeiten künftiger Generationen zu gefährden, ihre eigenen Bedürfnisse zu befriedigen.*« (Anmerkung: Der Begriff nachhaltige Entwicklung kann als Synonym für Nachhaltigkeit verwendet werden). Die Definition wurde von der Weltkommission für Umwelt und Entwicklung im Jahr 1987 entwickelt, welche von der ehemaligen norwegischen Ministerpräsidentin Gro Harlem Brundtland geleitet wurde. Die Brundtland-Definition ist das Resultat einer zweijährigen Diskussion mit Politikern, Vertretern der Wirtschaft und der Gesellschaft auf weltweit stattfindenden Konferenzen zum Thema Nachhaltigkeit. Die Zielsetzung dieses Prozesses war die Schaffung eines einheitlichen Verständnisses über den Nachhaltigkeitsbegriff und die Entwicklung eines gemeinsamen Leitbildes für politische, wirtschaftliche und gesellschaftliche Entscheidungen zu dieser Thematik. Es dient jedoch lediglich als ein generelles Leitbild, ohne dass sich dadurch konkrete Handlungsempfehlungen ableiten lassen könnten; dafür ist das Abstraktionsniveau der Definition zu hoch.

Die bekannteste Definition von Nachhaltigkeit ist die Brundtland-Definition

Der Nachhaltigkeitsbegriff wird inflationär und in verschiedenen Kontexten benutzt

Aus der Brundtland-Definition lassen sich jedoch zwei Kernforderungen an das Handeln der Politik, der Unternehmen und der Gesellschaft ableiten, die Intragenerationengerechtigkeit und die Intergenerationengerechtigkeit. Die *Intra*generationengerechtigkeit adressiert die Gerechtigkeit zwischen Ländern oder Menschen innerhalb einer Generation und ist damit auf den Status quo bezogen (Zeitpunktbetrachtung). Dieser Bestandteil der Definition lässt sich primär darauf zurückführen, dass sich die Brundtland-Kommission nicht nur mit dem Schwerpunkt »Umwelt«, sondern auch mit dem Thema »Entwicklungshilfe« auseinandergesetzt hat. Unabhängig davon, dass das Ziel der Intragenerationengerechtigkeit seit der Veröffentlichung des Reports im Jahr 1987 sicherlich nicht realisiert wurde, schränkt sich das heutige Verständnis der Definition zunehmend auf das Kriterium der *Inter*generationengerechtigkeit ein. Demgemäß sollte die heutige Generation nicht auf Kosten künftiger Generationen leben. Künftige Generationen sollten demnach eine mit dem Status quo vergleichbare Ausgangssituation vorfinden und nicht durch die Lebensform der vorherigen Generation übermäßig in der Möglichkeit, eigene Bedürfnisse zu befriedigen, eingeschränkt werden. Damit orientiert sich dieses Verständnis von Nachhaltigkeit stark an der ursprünglichen Definition aus der Forstwirtschaft von Hans Carl von Carlowitz aus dem Jahr 1713. Hintergrund der Forderung war in diesem Zusammenhang, die Intensität der Rodung der Wälder auf das Volumen zu begrenzen, das jährlich auf natürliche Weise nachwächst, damit Holz dem Bergbau langfristig als Ressource zur Verfügung stehen kann.

In der Geschichte der Menschheit haben sich die Eingriffe des Menschen in die Umwelt lange in einem begrenzten Rahmen gehalten. So fand die nachfolgende Generation jeweils eine vergleichbare Ausgangssituation, insbesondere eine ähnliche Ausstattung an Ressourcen, vor. Entspricht nun auch das Handeln der heutigen Generation noch dem Kriterium der Intergenerationengerechtigkeit von Nachhaltigkeit?

Grundproblematik

Die Frage lässt sich leider nur mit Nein beantworten. Die Grundproblematik für die Erzielung von Nachhaltigkeit besteht darin, dass aus einem hohen und stetig steigenden Ressourcenverbrauch bei gleichzeitig begrenzten Ressourcen eine zunehmende Knappheit resultiert. Gewisse Ressourcen werden künftigen Generationen nicht mehr oder nur noch in begrenztem Maße zur Verfügung stehen. Hierdurch könnte die Möglichkeit der Befriedigung ihrer Bedürfnisse (stark) eingeschränkt werden.

Dieser wachsende Ressourcenverbrauch lässt sich auf zwei Entwicklungen zurückführen – das stetige Bevölkerungswachstum und das steigende Konsumniveau. Aktuell wächst die Weltbevölkerung jährlich um circa 80 Millionen Menschen, was in etwa der Bevölkerung Deutschlands entspricht. Diese Menschen müssen jedes Jahr zusätzlich versorgt werden, sodass entsprechend mehr Ressourcen benötigt werden (zum Beispiel Ackerfläche). Zudem steigt das Konsumniveau stetig an, insbesondere in den bevölkerungsreichen Ländern

Die Kernaussage der Brundtland-Definition von Nachhaltigkeit ist die Intergenerationengerechtigkeit

Die zunehmende Ressourcenknappheit ist die grundlegende Herausforderung für Nachhaltigkeit

Unternehmen konzeptionalisieren Nachhaltigkeit durch den ökonomischen Triple-Bottom-Line-Ansatz

Asiens, wie China und Indien. Es ist also mit einem weiteren Anstieg des Bedarfs an Ressourcen und damit mit einer Verschärfung der Problematik zu rechnen.

Die resultierende Ressourcenknappheit zeigt sich in besonderem Maße bei der Verfügbarkeit von Energieträgern wie Erdöl, Gas oder Kohle. Die derzeitige Fördermenge von Erdöl liegt zum Beispiel nur knapp unter der maximalen Förderkapazität. Die Höhe der Förderkapazität reduziert sich in der Zukunft schrittweise, da die jährlich neu entdeckten Ölfelder deutlich geringere Volumina aufweisen als der jährliche Verbrauch an Erdöl (vergleiche Internationale Energieagentur 2010). Alternativen sind entweder deutlich unproduktiver (Ölsand) oder haben Konsequenzen für andere Aspekte der Nachhaltigkeit. Die Produktion von Biosprit – als eine Form einer regenerativen Energiegewinnung – führt etwa zu einer Verteuerung der Lebensmittel und damit zu Versorgungsproblemen insbesondere in den Ländern der Dritten Welt.

Auch andere Rohstoffe, wie etwa Metalle, werden zunehmend knapp, da es nur unzureichende Vorkommen gibt. Die Endlichkeit von so genannten »Gewürzmetallen« (zum Beispiel Lithium), die für die Herstellung einzelner Produkte unverzichtbar und nicht ersetzbar sind, kann Produktionsketten dauerhaft zerstören (vergleiche Hamburgisches WeltWirtschafts Institut 2009). Somit ist beispielsweise die Produktion von Brennstoffzellen in absehbarer Zeit limitiert. Zudem konnte der Anteil der Menschen, die Zugang zu Trinkwasser haben, trotz großer Anstrengungen seit 1990 kaum gesteigert werden (vergleiche Helvetas 2005). Die Verschärfung der Wasserknappheit wird zu 20 Prozent der fortschreitenden Klimaerwärmung zugerechnet (vergleiche Vereinte Nationen 2003).

Der World Wide Fund for Nature (WWF) schätzt das aktuelle Konsumniveau plakativ und anschaulich auf 1,5 Planeten (World Wide Fund for Nature 2010). Die Berechnung beruht auf der Berücksichtigung des Flächenverbrauchs, der für Bebauung, landwirtschaftliche Nutzung, Fischerei, Waldbestände, Beweidung und zum Klimaschutz benötigt würde. Die Studie ist ein Anhaltspunkt dafür, dass das Handeln der aktuellen Generation nicht nachhaltig gemäß dem Verständnis nach Brundtland sein kann. Somit stellt die aktuelle Situation die heutige Generation vor die große Herausforderung, einen nachhaltigen Zustand zu erzielen. Im Folgenden wollen wir betrachten, welche Aufgabe dabei den Unternehmen zukommt.

Konzeptionalisierung von Nachhaltigkeit in Unternehmen

Eine bekannte Konzeptionalisierung von Nachhaltigkeit, die Unternehmen als eine Orientierung dienen kann, ist der so genannte *Triple-Bottom-Line-Ansatz*. Der Triple-Bottom-Line-Ansatz konzeptionalisiert Nachhaltigkeit als Zusammensetzung aus den drei Dimensionen Ökonomie, Ökologie und Soziales. Ein nachhaltiger Zustand lässt sich demzufolge nur dadurch erreichen, dass alle drei Dimensionen langfristig erhalten und umgesetzt werden. Die Dimensionen sind dabei gleichgewichtig, sodass die Ziele Ökologie und Soziales auf einer hierarchischen Ebene mit der Dimension Ökonomie angeordnet werden.

Der Triple-Bottom-Line-Ansatz geht zurück auf John Elkington, Gründer von SustainAbility, einer Unternehmensberatung mit einer Spezialisierung auf den Umgang von Unternehmen mit dem Thema Nachhaltigkeit. Etwa zeitgleich wurde im Jahr 1996 im deutschsprachigen Raum eine vergleichbare Konzeptionalisierung von Nachhaltigkeit durch den Verband der chemischen Industrie (VCI) postuliert. Die Argumentation der drei gleich gewichteten Dimensionen von Nachhaltigkeit lässt sich als Reaktion auf die bis dato eingeschränkte ökologische Perspektive auf Nachhaltigkeit verstehen. Sowohl Elkington als auch der VCI begründen die Eingliederung der Dimensionen Ökonomie und Soziales in den Fokus von Nachhaltigkeit damit, dass die Herstellung einer ökologischen Nachhaltigkeit (etwa durch Unternehmen) nur durch den Erhalt der ökonomischen Leistungsfähigkeit gewährleistet (beziehungsweise finanziert) werden könne und dies wiederum nur in sozial stabilen Systemen möglich sei. Somit ließe sich Nachhaltigkeit erst durch die Sicherstellung aller drei Dimensionen erzielen.

In den Unternehmen, die von uns befragt wurden, wird Nachhaltigkeit allerdings mittels eines von uns so benannten »ökonomischen Triple-Bottom-Line-Ansatzes« definiert. Dieser modifiziert das klassische Verständnis des Triple-Bottom-Line-Ansatzes: Statt der Gleichgewichtung der drei Dimensionen wird die Dimension Ökonomie als übergeordnetes Ziel definiert, das bei allen Entscheidungen zwingend erfüllt werden muss. Daraus entsteht eine Handlungsmaxime, nach der soziale und ökologische Aspekte lediglich berücksichtigt werden, wenn sie gleichzeitig einen ökonomischen Mehrwert generieren – auch bekannt als Win-win-Maßnahmen (siehe Abbildung 1).

Entsprechende Maßnahmen werden häufig als ökoeffizient oder sozioeffizient bezeichnet (vergleiche World Business Council for Sustainable Development (WBCSD)). Die befragten Unternehmen berücksichtigen dabei nicht nur die direkten finanziellen Effekte, sondern auch ökonomische Effekte durch die Steigerung der Reputation (zum Beispiel durch die Ausstattung der Bürogebäude mit Solaranlagen) oder die Reduktion des Risikos (zum Beispiel geringere Gefahr des öffentlichen Drucks auf das Unternehmen). Alle ökologischen oder sozialen Maßnahmen, die keinen so verstandenen ökonomischen Mehrwert generieren, bleiben unberück-

Die Zielhierarchie hat sich in Unternehmen nicht geändert

Klassischer Triple-Bottom-Line-Ansatz

Ökonomischer Triple-Bottom-Line-Ansatz

Abbildung 1: Klassischer und ökonomischer Triple-Bottom-Line-Ansatz

Unternehmen identifizieren finanziell rentable soziale und ökologische Maßnahmen systematischer und umfassender als früher

sichtigt. Es findet somit keine Änderung der bekannten Zielhierarchie in Unternehmen statt.

Hat sich damit durch die Konzeptionalisierung von Nachhaltigkeit durch den ökonomischen Triple-Bottom-Line-Ansatz überhaupt eine Veränderung zu der reinen Betrachtung des Shareholder Values ergeben? Oder gilt weiterhin ein Business-as-usual in den Unternehmen? Über diese Fragen lässt sich kontrovers diskutieren. Die in der Untersuchung befragten Unternehmen haben in diesem Zusammenhang wiederholt darauf hingewiesen, dass durch die neue Fokussierung auf das Thema Nachhaltigkeit eine viel größere Anzahl an rentablen ökologischen und sozialen Maßnahmen identifiziert und durchgeführt wurde als vorher. Dies wurde auf die systematische Auseinandersetzung mit Nachhaltigkeit zurückgeführt und verdeutlicht ihrer Meinung nach den Unterschied zu der vorherigen Vorgehensweise.

Wichtige externe Akteure und Kontextfaktoren

Wer verstehen möchte, warum sich Unternehmen mit Nachhaltigkeit beschäftigen beziehungsweise wie sich Unternehmen damit beschäftigen sollten, muss das Umfeld der Unternehmen kennen. Der folgende Abschnitt widmet sich deshalb der Darstellung des Umfelds in Bezug auf die Nachhaltigkeitsthematik und geht darauf ein, wie dieses auf die Unternehmen wirkt. Wir machen Sie mit den verschiedenen Akteuren und ihren jeweiligen Interessen vertraut, die sie in Bezug auf Nachhaltigkeit an die Unternehmen richten. Zudem geht der Abschnitt auf Kontextfaktoren und deren Einfluss auf die Unternehmen ein (siehe Abbildung 2).

Ziel ist es, Ihnen wesentliche Hintergrundinformationen zu den einzelnen Akteuren und Kontextfaktoren zu geben, um verständlich zu machen, mit welchen Anforderungen sich Unternehmen auseinandersetzen müssen. Zunächst werden dabei die wesentlichen externen Akteure und Kontextfaktoren dargestellt: Kunden, Kapitalgeber und Ratingagenturen, Regulierungsbehörden und Politik, Nicht-Regierungs-Organisationen (NGOs) und die Megatrends der Nachhaltigkeit. Diese bestimmen das Umfeld, in dem sich vergleichbare Unternehmen einer Branche bewegen. Anschließend gehen wir auf die internen Akteure und Kontextfaktoren, namentlich CEO und Vorstand, Mitarbeiter, Unternehmenskultur und Nachhaltigkeitsskandale, ein. Diese sind ebenfalls Teil des Umfelds und beeinflussen die unternehmensspezifische Umsetzung von Nachhaltigkeit in zum Teil erheblichem Maße. Wie anfangs schon angesprochen, beruhen die Ausführungen wesentlich auf den Angaben der befragten Unternehmen. Sie sind deshalb keinesfalls theoretischer oder ideologischer Natur, sondern direkt »aus dem Leben gegriffen« – und damit vermutlich auch für Ihr Unternehmen relevant!

Kunden

Der Reigen externer Akteure beginnt mit den Geschäfts- und Privatkunden, die als besonders wichtig wahrgenom-

Abbildung 2: Wichtige interne und externe Akteure und Kontextfaktoren

Unternehmen geben den Druck an ihre Lieferanten weiter

men werden. Schlussendlich ist die wachsende oder ausbleibende Nachfrage nach nachhaltigen Produkten und Dienstleistungen ein Hauptkriterium dafür, ob beziehungsweise wie intensiv sich Unternehmen mit Nachhaltigkeit beschäftigen. Betrachtet man das öffentliche Meinungsbild, lässt sich immer stärker eine Tendenz zu einer kritischen Einstellung der Bevölkerung zu Unternehmen identifizieren. Unternehmen wird häufig die Hauptschuld an ökologischen und sozialen Missständen gegeben. In diesem Zuge hat sich die Nachhaltigkeit zu einem Trendthema in der Gesellschaft entwickelt. Insofern ist zu erwarten, dass Privatkunden eine stabile Nachfrage für nachhaltige Produkte generieren, welche die Nachfrage aus dem Geschäftskundenbereich übersteigt. In den befragten Unternehmen wird erstaunlicherweise der Druck von Geschäftskundenseite als deutlich höher eingeschätzt. Sie wünschen sich vielmehr von den Privatkunden ein größeres Interesse für die Thematik.

Wie kommt es zu dem Druck seitens der Geschäftskunden? Die befragten Unternehmen führen den Druck im Geschäftskundenbereich darauf zurück, dass ihre Geschäftskunden den wachsenden öffentlichen Druck auf Unternehmen, nachhaltig zu handeln, antizipieren. Als Folge wird versucht, Fortschritte bezüglich einer ökologischeren oder sozialeren Produktion bereits frühzeitig zu realisieren. Dazu gehört auch die Optimierung der Herstellung der Vorprodukte, für die die Unternehmen in der Nachhaltigkeitsdebatte zur Verantwortung gezogen werden (vergleiche KPMG 2011). Dies führt dazu, dass Unternehmen einen Teil des Drucks an ihre Lieferanten weitergeben. Aufgrund der verflochtenen Lieferbeziehungen zwischen Unternehmen entsteht somit ein »Schneeballeffekt«.

Die Forderungen der Unternehmen an ihre Lieferanten beziehen sich dabei einerseits auf Transparenz zum Thema Nachhaltigkeit und andererseits auf die tatsächliche Verbesserung ökologischer

Privatkunden üben weniger Druck beim Thema Nachhaltigkeit aus als Geschäftskunden

und sozialer Aspekte (Verbesserung der Performance). Beispielsweise wird bei der Vergabe von Aufträgen die Berechnung und Berichterstattung der bei der Herstellung des Produktes beziehungsweise der Dienstleistung angefallenen CO_2-Emissionen zur Auflage gemacht (Schaffung von Transparenz). Ebenso kann das Erfüllen von Nachhaltigkeitskriterien (zum Beispiel CO_2-Neutralität) als Bedingung definiert sein (Verbesserung der Performance). Die Einhaltung der Kriterien wird von den Geschäftskunden im Anschluss teilweise mittels Audits überprüft.

Im Privatkundengeschäft wird Nachhaltigkeit dagegen zumeist lediglich als Zusatznutzen, nicht aber als notwendiger Standard für den Kauf eines Produktes betrachtet. Die meisten Privatkunden wollen derzeit etwa für ein biologisch abbaubares Produkt keinen höheren Preis zahlen als für ein herkömmliches Vergleichsprodukt. Laut einer Studie sind zwar 21 Prozent der Privatkunden heute schon zu einem höheren Preis bereit, weitere 13 Prozent in Zukunft (siehe Abbildung 3). Tatsächlich wird diese Zahlungsbereitschaft in den befragten Unternehmen bislang aber kaum wahrgenommen. Zudem besteht ein unverändert hoher Qualitätsanspruch an nachhaltige Produkte und Dienstleistungen. Privatkunden sind zu einem Trade-off (Qualitätseinbußen für ökologische und soziale Produktkomponenten) nicht bereit. Lediglich eine kleine Gruppe von Kunden (»Überzeugungstäter«) fragt solche Produkte nach.

»Wenn die Leistung nicht stimmt, wird das Produkt nur noch von Kunden gekauft, die bewusst nachhaltig handeln wollen.«
(Nachhaltigkeitsverantwortlicher)

Kapitalgeber und Ratingagenturen

Auch verbesserte Finanzierungsmöglichkeiten für das Unternehmen aufgrund einer nachhaltigen Ausrichtung der Unternehmensaktivitäten wurden von den befragten Unternehmen als zentraler Grund genannt, Nachhaltigkeit im Unternehmen umzusetzen. Zunächst ist diesbezüglich der Einfluss von

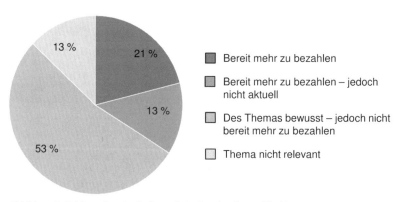

Abbildung 3: Zahlungsbereitschaft von Privatkunden für nachhaltige Produkte (in Anlehnung an McKinsey 2008)

Banken auf Unternehmen zu beachten, die im Rahmen des Kreditvergabeprozesses Umweltrisiken von Unternehmen berücksichtigen. Dies ist darauf zurückzuführen, dass Kreditausfälle zu einem nicht unerheblichen Teil auf Umweltrisiken, wie etwa durch kontaminierte Grundstücke, zurückzuführen sind (vergleiche für eine gute Übersicht Wuppertal Institut für Klima, Umwelt, Energie 2003). Darüber hinaus gibt es zunehmend Banken, die sich auf Nachhaltigkeit spezialisiert haben (siehe dazu das weltweite Netzwerk führender Nachhaltigkeitsbanken – Global Alliance for Banking on Values).

Auch auf der Seite der Investoren gibt es speziell auf Nachhaltigkeit fokussierte Anleger, zum Beispiel ökologische Fonds wie der DWS New Energies Basket 25+. Nachhaltigkeitsfonds verzeichneten in den vergangenen Jahren einen starken Mittelzufluss (Steigerung um 68 Prozent in 2009). Allerdings verfügen Nachhaltigkeitsfonds mit einem derzeitigen Marktanteil von 0,8 Prozent nur über einen kleinen Anteil am gesamten Fondsvolumen in Deutschland (vergleiche Forum Nachhaltige Geldanlagen 2010), sodass die Bedeutung dieser speziellen Fonds für die Unternehmen insgesamt eher gering ausfällt. Eine Ausnahme bilden junge Unternehmen, die das Geschäftsmodell rein auf Nachhaltigkeit ausgerichtet haben und von der Finanzierung durch diese Fonds abhängen.

Eine deutlich höhere Bedeutung für die Finanzierung der Unternehmen kommt der Beobachtung zu, dass konventionelle Investoren – das heißt nicht spezielle Themenfonds zu Nachhaltigkeit – zunehmend Nachhaltigkeitskriterien bei ihren Investitionsentscheidungen berücksichtigen. Schätzungsweise 11 bis 20 Prozent der Investoren nutzen das Ranking in speziellen Nachhaltigkeitsindizes als Entscheidungskriterium im Investitionsprozess (vergleiche adelphi 2010). Daher werden entsprechende Listings von den befragten Unternehmen als wichtig angesehen.

Nachhaltigkeitsindizes, wie zum Beispiel der Dow Jones Sustainability Index (DJSI), der Advanced Sustainability Performance Index (ASPI) oder der Financial Times Stock Exchange 4 Good (FTSE4Good), werden von spezialisierten Ratingagenturen entwickelt und gepflegt. Weitere bekannte Agenturen sind das Carbon Disclosure Project (CDP), oekom research und die SAM Group. Zielsetzung dieser Agenturen ist die Bewertung der Nachhaltigkeit von Unternehmen. Die Bewertung erfolgt in der Regel anhand der beiden Kriterien Transparenz beim Thema Nachhaltigkeit und Nachhaltigkeitsperformance. Demzufolge werden Unternehmen, die eine umfassende Berichterstattung zum Thema Nachhaltigkeit durchführen und/oder überdurchschnittlich gute Nachhaltigkeitskennzahlen (häufig auch unter Berücksichtigung der ökonomischen Nachhaltigkeit) aufweisen, in Rankings geführt beziehungsweise vergleichsweise hoch gelistet. Trotz der umstrittenen Aussagekraft dieser Indizes hat sich ihre Verwendung etabliert. Die größte Reputation weist dabei der DJSI auf. Die Unternehmen, die in der Untersuchung befragt wurden, schätzen die Aufnahme in den DJSI aufgrund seiner Verbreitung bei Investoren als überaus wichtig für kapitalmarktorientierte Unternehmen ein. Schätzungsweise ein Drittel

Auch konventionelle Anleger berücksichtigen Nachhaltigkeitsratings bei ihren Anlageentscheidungen

Das Listing in Indizes ist mit einem hohen zeitlichen Aufwand verbunden

Großunternehmen setzen die weltweit höchsten Standards im gesamten Konzern um

der DAX-30 Unternehmen richten ihr Nachhaltigkeitsmanagement aus diesem Grund stark oder sogar vollständig an der Platzierung in Nachhaltigkeitsratings aus (vergleiche adelphi 2010).

Neben den Vorteilen einer Aufnahme in diese Indizes sollte der zeitliche Aufwand, der durch die Bereitstellung der von den Ratingagenturen geforderten Informationen entsteht, nicht unterschätzt werden. Die durch das CDP angeforderten Reports über die Aktivitäten der Unternehmen zum Thema Klimaschutz umfassen nicht selten über 70 Seiten. Dabei resultiert der Aufwand auch daraus, dass die Ratingagenturen verschiedene Schwerpunkte bei den Kriterien setzen und für die Beantwortung der Fragebögen deshalb kaum auf standardisierte Informationen zurückgegriffen werden kann. Die befragten Unternehmen wiesen auch darauf hin, dass der Umfang der Befragung ständig ansteigt.

Regulierungsbehörden/Politik

Unsere Studie zeigt weiterhin, dass sich Unternehmen bei der Umsetzung von Nachhaltigkeitsmaßnahmen einem zunehmenden Druck vonseiten der Regulierungsbehörden und der Politik ausgesetzt sehen. Ein besonderes Augenmerk richtet sich derzeit auf das europäische Emissionsrechtehandelssystem (EU ETS). Dies ist ein Marktinstrument, über das die Höhe der CO_2-Emissionen in den europäischen Ländern begrenzt werden soll. Dabei müssen Unternehmen ausgewählter Branchen – zum Beispiel Energieerzeuger – Zertifikate (Emissionsrechte) für ihren Ausstoß von CO_2 ersteigern; bei nicht ausreichender Deckung drohen hohe Strafzahlungen. Die Zertifikate werden frei gehandelt, sodass Unternehmen die Wahl zwischen dem Umsetzen von Reduktionsmaßnahmen und dem Zukauf von Zertifikaten gelassen wird.

Regulierungsvorschriften betreffen sowohl die Produktion (Produktionsvorschriften) als auch die von den Unternehmen angebotenen Produkte und Dienstleistungen (Produktvorschriften). Bestehende ökologische und soziale Auflagen werden durch die Behörden und den Gesetzgeber schrittweise verschärft und die Anforderungsdichte durch die Einführung weiterer Vorschriften erhöht. Daraus resultiert für die Unternehmen eine zunehmende Komplexität bei der Produktion und bei der Entwicklung neuer Produkte. Diese Komplexität wird durch Unterschiede bei nationalen Regelungen für international operierende Unternehmen noch gesteigert.

Die von uns befragten Unternehmen gehen proaktiv mit der Regulierung im ökologischen und sozialen Bereich um. Dies zeigt sich dadurch, dass in der Regel nicht nur bestehende Vorschriften umgesetzt werden, sondern vielfach »drohende« Vorschriften bereits frühzeitig als interne Standards implementiert werden. Die Unternehmen orientieren sich dabei an den weltweit höchsten Standards und setzen diese unternehmensweit um. Europäische Standards finden so etwa auch in asiatischen Ländern Anwendung. Somit wird die Komplexität für die Unternehmen, die durch die Vielzahl verschiedener nationaler Vorschriften entsteht, reduziert. Zudem greifen die Unternehmen dadurch der Verschärfung der Regulierung in anderen Ländern vor. Als weiterer Grund wurde die Glaubwürdigkeit gegenüber Kunden genannt, die ansonsten die in die Länder der Dritten Welt verlagerte Wertschöpfung kritisch sehen könnten.

Die Betroffenheit der Unternehmen durch Regulierungsvorschriften und Gesetzesvorgaben unterscheidet sich je nach Branchenzugehörigkeit. Auf der einen Seite ist mit der Einführung verschärfter Auflagen häufig eine Steigerung der Kosten für Unternehmen verbunden. Als Beispiel kann die Installation zusätzlicher Filteranlagen zur Einhaltung von Emissionsrichtwerten in der Produktion genannt werden. Auf der anderen Seite schaffen Vorschriften auch Geschäftspotenzial. In diesem Zusammenhang wurde von den befragten Unternehmen insbesondere auf die Klimaschutzvorschriften verwiesen. Beispielsweise können Unternehmen der ICT-Branche, indem sie Videotelefonielösungen anbieten, von einer Verteuerung der Flugtickets für Geschäftsreisen profitieren. Im Zuge dessen ist es nicht verwunderlich, dass sich die befragten Unternehmen je nach Betroffenheit des eigenen Geschäftsmodells durch ökologische und soziale Auflagen für deren Lockerung oder für eine Verschärfung einsetzen.

Nicht-Regierungs-Organisationen

Eine zunehmend wichtigere Rolle bei der Umsetzung von Nachhaltigkeit wird den Nicht-Regierungs-Organisationen (NGOs) beigemessen. Die befragten Unternehmen nehmen NGOs als »Sprachrohr« der Öffentlichkeit wahr. NGOs richten die Aufmerksamkeit auf die Themen, mit denen sich die Öffentlichkeit auseinandersetzt. Teilweise werden einzelne Themen sogar maßgeblich von den NGOs selbst initiiert und in die Öffentlichkeit gebracht. Als Beispiel wurde von den befragten Unternehmen der Fall der Ölplattform Brent Spar im Jahr 1995 genannt, die vom Ölkonzern Shell am Ende ihrer Lebensdauer in der Nordsee versenkt werden sollte. Aufgrund massiven Drucks seitens Greenpeace kam es zur Mobilisierung einer breiten Öffentlichkeit, die bis zum Boykott der Tankstellen des Konzerns führte. Shell erlitt einen massiven Imageverlust und musste die Pläne für die Versenkung der Plattform ändern. Dieses Beispiel veranschaulicht, welche Relevanz NGOs für Unternehmen, die in hohem Maße von der Legitimation der Öffentlichkeit abhängen, haben:

»Licence-to-operate doesn't mean permission by authorities [but] by society.« (Nachhaltigkeitsverantwortlicher)

Die intensive Auseinandersetzung mit den Anforderungen der NGOs ist besonders für Großunternehmen mit bekannten Markennamen relevant, da diese ein bevorzugtes Ziel der NGOs sind. Grundsätzlich zielen NGOs auf die Gewinnung der Aufmerksamkeit einer möglichst breiten Öffentlichkeit ab, um ihre Forderungen mit dem notwendigen Rückhalt in der Bevölkerung durchsetzen zu können. Dafür wählen sie »öffentlichkeitswirksame« Unternehmen für ihre Kritik aus – und nicht zwingend die größten Verschmutzer. So würde beispielsweise eine deutsche Handelskette (zum Beispiel Karstadt) tendenziell eher in den Fokus der Kritik geraten, wenn dort mithilfe von Kinderarbeit gefertigte Produkte eines unbekannten asiatischen Sportartikelherstellers verkauft würden.

Regulierung birgt für manche Branchen Geschäftspotenzial

Großunternehmen als Zielscheibe von NGOs

Rohstoffsicherung wird zur strategisch relevanten Aufgabe

Der asiatische Hersteller würde dagegen – aufgrund geringerer Erfolgsaussichten – weniger stark von den NGOs belangt. Wären diese Produkte jedoch von einem Markenproduzenten (zum Beispiel Nike) produziert worden, so wäre nicht die Handelskette, sondern eher Nike als Hersteller aufgrund der höheren Aufmerksamkeit das Ziel der NGOs.

In den befragten Unternehmen werden wichtige Themenfelder, die von NGOs aufgegriffen werden könnten, zunächst identifiziert (zum Beispiel das Thema nachhaltiger Fischfang). Diese Aufgabe wird in der Regel von der Nachhaltigkeitsabteilung wahrgenommen. Die identifizierten Themenfelder werden anschließend durch das Unternehmen bezüglich ihres Risikopotenzials und ihrer Beständigkeit bewertet. Dieser Schritt ist wichtig, da sich bestimmte Forderungen in Bezug auf Nachhaltigkeit teilweise als »Modeerscheinungen« erwiesen haben. Mitunter wird von den von uns befragten Unternehmen eine Kooperation mit einer NGO angestrebt, um kritische Themenfelder zu adressieren. Dabei können Unternehmen von der Expertise und der Reputation der NGOs profitieren, die entsprechende Zertifizierungen für die Aktivitäten des Unternehmens anbieten. Bei der Auswahl eines geeigneten Kooperationspartners sollte auf die unterschiedlichen Schwerpunkte der NGOs geachtet werden.

»Es wird geprüft, ob eine Zusammenarbeit mit dem WWF möglich ist. Der WWF setzt andere inhaltliche Schwerpunkte, die besser zu uns passen, als Greenpeace.« (Nachhaltigkeitsverantwortlicher)

Megatrends

Der wesentliche externe Kontextfaktor der befragten Unternehmen lässt sich auf die bereits dargestellte Grundproblematik des hohen und weltweit steigenden Ressourcenverbrauchs zurückführen. Ressourcen wie Erdöl und Metalle verknappen sich zunehmend und stellen die betroffenen Unternehmen vor die Herausforderung, die Produktion langfristig zu gewährleisten (vergleiche Kapitel 2 zur Grundproblematik). Unternehmen, die es Jahrzehnte lang gewohnt waren, ihre Produktionskapazitäten kontinuierlich auszuweiten, müssen heute viel stärker die Knappheit und Preisvolatilität von Rohstoffen in ihren Überlegungen berücksichtigen.

Die Ressourcenknappheit äußert sich zum einen durch eine steigende Volatilität der Rohstoffpreise, die in einigen Branchen einen signifikanten Einfluss auf das Unternehmensergebnis haben. Zum anderen führt sie dazu, dass die Rohstoffsicherung zu einer strategisch relevanten Aufgabenstellung geworden ist. Unternehmen müssen im Zuge dieser Entwicklung überprüfen, ob ihr Zugang zu Ressourcen in Zukunft noch gewährleistet ist und ob die bestehenden Ressourcen- und Lieferanten-Netzwerke des Unternehmens stabil sind (vergleiche Porter 2011). Dabei ist die Betroffenheit der Unternehmen von Branche zu Branche unterschiedlich. So benötigen Chemieunternehmen – um ein Beispiel zu nennen – speziellere und seltenere Rohstoffe, als dies bei Handelsunternehmen der Fall ist.

Als Nebeneffekt des hohen Verbrauchs fossiler Brennstoffe kommt es zum Klimawandel, dem zweiten Megatrend der Nachhaltigkeit, mit dem sich die von uns befragten Unternehmen konfrontiert sehen. Von einigen Forschungsinstituten wird angenommen, dass bedingt durch den Anstieg der CO_2-Konzentration in der Atmosphäre die Durchschnittstemperatur auf der Erde merklich angestiegen ist und auch weiter ansteigen wird. Seit dem Beginn der Industrialisierung hat sich die Temperatur bereits um über ein halbes Grad erhöht (da das System eine gewisse Trägheit besitzt, lässt sich bereits jetzt eine Steigerung auf mindestens ein Grad in den kommenden Jahrzehnten prognostizieren). Dies verdeutlicht auch den Anteil des Menschen am Klimawandel. Bei dem jetzigen Wirtschaftswachstum wäre ohne massive Gegenmaßnahmen ein Temperaturanstieg um zwei Grad – der häufig als Grenzwert für eine ökologisch verträgliche Belastung genannt wird – bereits im Jahr 2035 unausweichlich (vergleiche Stern Report 2006).

Die Existenz eines von Menschen verursachten Klimawandels ist zwar nicht unumstritten. Die im Stern Report veröffentlichten Untersuchungsergebnisse können aber zumindest einen Anhaltspunkt über die Kosten geben, die durch den Klimawandel entstehen könnten. Die Diskussion über das zulässige Höchstmaß der CO_2-Emissionen einzelner Länder und Unternehmen wird seit der Veröffentlichung des Stern Reports wesentlich intensiver geführt (siehe Klimakonferenz in Kopenhagen im Jahr 2009). Einige Unternehmen werden im Zuge dessen bereits reguliert (vergleiche Kapitel 2 zu Regulierungsbehörden/Politik).

Die Betroffenheit der Unternehmen ist jedoch sehr unterschiedlich. So ist die CO_2-Intensität (Summe der in der eigenen Produktion und der durch den externen Bezug von Strom entstandenen CO_2-Emissionen in Relation zum Umsatz) des Energieerzeugers RWE etwa über 60 Mal so hoch wie die des ICT-Unternehmens Deutsche Telekom (vergleiche CDP Report Germany 2010). Damit ist der Einfluss des Megatrends auf RWE beziehungsweise die gesamte Energiebranche wesentlich stärker. Für Unternehmen entstehen aber auch Chancen, wenn sie Produkte anbieten, die zu einer Senkung der CO_2-Emissionen bei ihren Kunden beitragen.

Die von uns befragten Unternehmen sind der Meinung, dass diese beiden Megatrends der Nachhaltigkeit einen wichtigen Einfluss auf ihr Geschäft haben. Insbesondere der Klimawandel wird bei der Entwicklung langfristiger Strategien berücksichtigt.

»*Wir richten die Strategie auch am Klimawandel aus. In zehn Jahren wird das Thema CO_2 zu einem erheblichen wirtschaftlichen Faktor geworden sein, sowohl bei den Kosten als auch beim Umsatz.*« (Nachhaltigkeitsverantwortlicher)

Teilweise wird der Klimawandel zudem als Existenzrisiko für das eigene Unternehmen beziehungsweise die gesamte Branche gesehen.

Unternehmen sind unterschiedlich vom Klimawandel betroffen

Weitere externe Akteure und Kontextfaktoren

Von den von uns befragten Unternehmen wurde auf zwei weitere externe Akteure (Wettbewerber und Beratungsunternehmen) sowie einen weiteren Kontextfaktor (Weltwirtschaftskrise) hingewiesen, deren Druck zu einer Auseinandersetzung mit dem Thema Nachhaltig-

Es herrscht Unsicherheit bezüglich der Umsetzung von Nachhaltigkeit

Fokussierung auf das Thema Energieeffizienz in der Wirtschaftskrise

keit geführt hat. Obwohl weniger häufig genannt, sollte ihr Einfluss nicht unterschätzt werden.

Beginnen wir mit den Aktivitäten, die *Wettbewerber* zum Thema Nachhaltigkeit umsetzen. Sie stehen bei einigen Unternehmen unter intensiver Beobachtung. Dies wurde mit der eigenen Unsicherheit hinsichtlich der richtigen Positionierung begründet. Ein solches Verhalten ist in Unternehmen nicht ungewöhnlich (vergleiche DiMaggio/Powell 1983). Zudem versuchen diese Unternehmen, dadurch das Risiko zu minimieren, im Branchenvergleich schlecht abzuschneiden.

Allerdings wurde der Einfluss der Wettbewerber insgesamt als weniger relevant eingeschätzt. Der Druck auf die Unternehmen wird primär durch die Branchenzugehörigkeit bestimmt und betrifft die Wettbewerber folglich in gleichem Maße. Die meisten Unternehmen orientieren sich lediglich bei der Festlegung verbindlicher Nachhaltigkeitsziele an den Zielen ihrer Wettbewerber und an deren Aktivitäten zur Umsetzung von Nachhaltigkeit (siehe ausführlich Kapitel 5 zur Zielsteuerung).

Eine eher geringe Bedeutung messen die befragten Unternehmen dem Einfluss von *Beratungsunternehmen* auf die eigenen Nachhaltigkeitsaktivitäten bei. In einigen Fällen wurde in den Unternehmen bei der Entwicklung und Implementierung der Nachhaltigkeitsstrategie, der Einführung eines Nachhaltigkeitsreportings sowie der Entwicklung und dem Aufbau entsprechender Steuerungssysteme mit Beratungsunternehmen kooperiert. Dabei wurde insbesondere beim Aufbau von Accounting- und Reportingsystemen häufig mit Wirtschaftsprüfungsunternehmen zusammengearbeitet, um Standards zu definieren und die Daten der Nachhaltigkeitsberichte verifizieren zu lassen.

Interessanterweise hat schließlich die *Weltwirtschaftskrise* die Nachhaltigkeitsaktivitäten in den befragten Unternehmen vergleichsweise gering beeinflusst. Grundsätzlich ist davon auszugehen, dass ökologische (zum Beispiel Renaturierung von Werksgeländen) und soziale Maßnahmen (zum Beispiel Aus- und Fortbildungsprogramm für Mitarbeiter) in ökonomisch schwierigen Zeiten aus Kostengründen mit als Erstes reduziert werden. Während der Wirtschaftskrise kam es in den Unternehmen jedoch lediglich zu einer inhaltlichen Fokussierung beim Thema Nachhaltigkeit. Der Schwerpunkt der Aktivitäten richtete sich in den befragten Unternehmen mit dem Beginn der Krise auf das Themenfeld Energieeffizienz, bei dem sich die so genannten Win-win-Möglichkeiten meist schnell amortisieren und damit eine unmittelbare positive Auswirkung auf das Unternehmensergebnis zu erwarten ist.

Wichtige interne Akteure und Kontextfaktoren

Betrachten wir nun im nächsten Schritt interne Faktoren, die die Nachhaltigkeit im Unternehmen wesentlich beeinflussen. Die Studie hat verdeutlicht, dass ähnliche Unternehmen bisweilen deutlich unterschiedlich mit Nachhaltigkeit umgehen. Dies betrifft zum einen das Aufgreifen von einzelnen Themenfeldern und zum anderen die Intensität ihrer Aktivitäten. Warum aber gibt es diese Unterschiede?

Der Grund für die unterschiedliche Umsetzung der Thematik sind die internen Akteure und Kontextfaktoren. Durch deren Einfluss kommt es zu einer unternehmensspezifischen Umsetzung von Nachhaltigkeit. Analog zum vorherigen Abschnitt werden im Folgenden deshalb die wesentlichen internen Akteure und Kontextfaktoren, ihre jeweiligen Interessen und ihr Einfluss auf die Unternehmen dargestellt.

CEO/Vorstand

Dass sich Unternehmen überhaupt mit Nachhaltigkeit beschäftigen, geht häufig auf den CEO oder andere Mitglieder des Vorstands zurück. In den von uns befragten Unternehmen spielt der CEO eine wesentliche Rolle für die Auseinandersetzung mit Nachhaltigkeit. Als Grund dafür lässt sich aufführen, dass der CEO durch seine Vorbildfunktion die Auseinandersetzung mit dem Thema Nachhaltigkeit im Unternehmen legitimiert. Dies erscheint wichtig, da Nachhaltigkeit von einigen Mitarbeitern in den Unternehmen oft noch als »Gutmenschentum« wahrgenommen wird (vergleiche Kapitel 4 zur Verankerung von Nachhaltigkeit in der Unternehmenskultur).

Die persönliche Motivation ist in 42 Prozent der Fälle der Grund für einen CEO, das Thema Nachhaltigkeit im Unternehmen umzusetzen (Accenture 2010). Zum einen gründet dies auf den persönlichen Vorlieben des CEOs. In anderen Unternehmen agiert der CEO als Überzeugungstäter, der Nachhaltigkeit aufgrund der strategischen Relevanz auf die Agenda des Unternehmens gesetzt hat. Häufig wurde in den Interviews zudem erwähnt, dass manche CEOs bei dem Thema Nachhaltigkeit auch eine persönliche Positionierung anstreben. Folglich spiegelt die Auswahl der Themenfelder in Unternehmen deshalb häufig die Interessen des CEOs wider:

»*Die Nachhaltigkeitsthemen werden in dem Unternehmen bisweilen weniger sachlogisch aufgegriffen als vielmehr nach den Vorlieben des jeweiligen Vorstandes.*« (Controller)

Dies birgt Gefahren und Chancen für Unternehmen. So kann es sein, dass beispielsweise ein gesellschaftliches Engagement, das aufgrund der persönlichen Interessen eines Vorstands initiiert wurde, nicht zum Nutzen des Unternehmens ist. In einem der befragten Unternehmen wurde auf die vergangene Förderung klassischer Musik aufgrund der Initiative eines ehemaligen Vorstandsmitglieds verwiesen. Da das Unternehmen einen eher jugendlichen Kundenstamm anstrebt, wurde der Nutzen beziehungsweise die Rentabilität der Maßnahme kritisch beurteilt. Im Umkehrschluss bedeutet dies nicht, dass ein persönlich präferiertes Projekt in jedem Fall ineffizient sein muss. Die befragten Unternehmen betonten in diesem Zusammenhang den positiven Effekt einer Vorstandsinitiative für die Vorbildfunktion des CEO im Unternehmen. Vielfach wird damit die Umsetzung anderer Aspekte von Nachhaltigkeit im Unternehmen gefördert. Somit kann das Engagement quasi zum Anstoßen des ersten Dominosteins führen.

Die Positionierung des CEOs – und damit die des Unternehmens – kann durch eine Verpflichtung, bestimmte Nachhaltigkeitsziele zu erreichen und nachhaltig zu handeln, im Rahmen be-

CEOs forcieren Nachhaltigkeit meist aus persönlicher Überzeugung

Öffentliche Verpflichtung der Unternehmen zu Nachhaltigkeitszielen durch den CEO

Nachhaltigkeit wird zum Erfolgsfaktor beim Recruiting von Mitarbeitern

kannter Initiativen öffentlich gemacht werden. Zu den bekanntesten dieser Plattformen gehören das »Changemaker-Manifest« von der Onlineplattform für nachhaltigen Konsum »Utopia« und das »Leitbild für verantwortliches Handeln in der Wirtschaft«, einem Verhaltenskodex für Nachhaltigkeit in der deutschen Wirtschaft. Unternehmen, die sich durch den CEO entsprechend verpflichtet haben, stehen einerseits unter höherem öffentlichen Druck; andererseits können sie durch das gesteigerte Interesse eine Verbesserung des Images erzielen und damit von der Selbstverpflichtung profitieren.

Mitarbeiter

In allen befragten Unternehmen wurden die eigenen Mitarbeiter als wesentlicher Grund hervorgehoben, warum sich das Unternehmen mit Nachhaltigkeit beschäftigt. Dies lässt sich darauf zurückführen, dass große Teile der Belegschaft in Deutschland nachhaltiges Handeln ihres Unternehmens aktiv einfordern. Eine ablehnende Haltung vonseiten der Belegschaft ist eine Ausnahme – zumindest hinsichtlich des sozialen Engagements des Unternehmens und solange garantiert ist, dass dieses nicht zu einer Belastung des eigenen Budgets führt.

Vielfach organisieren Mitarbeiter in Eigenregie ökologische und soziale Projekte, die sie unter dem Namen des Unternehmens außerhalb ihrer Arbeitszeit umsetzen. Der Aufwand des Unternehmens beschränkt sich in diesem Rahmen häufig auf die Bereitstellung weniger Ressourcen oder die Koordination der Tätigkeiten. Auswahl und Umsetzung der Initiativen dagegen werden durch die Mitarbeiter verantwortet. In vielen Unternehmen ist dadurch eine Vielzahl von Initiativen entstanden, die sich ganz nach den lokalen Anforderungen und Bedürfnissen richten. Bekanntes Beispiel dafür ist beispielsweise die Help Alliance der Lufthansa.

Durch die Förderung dieses Mitarbeiterengagements lassen sich für die Unternehmen zwei wichtige Vorteile erzielen. Erstens fördert das gesellschaftliche Engagement die Motivation der Belegschaft und deren Identifikation mit dem Unternehmen. Zweitens ergeben sich durch diese Aktivitäten Vorteile bei der Akquisition von Mitarbeitern. Insbesondere für Akademiker ist ein nachhaltiges Handeln des Unternehmens zunehmend ein Kriterium bei der Arbeitgeberwahl. Derzeit beziehen sich die Ansprüche der Bewerber, die über die Themen wie Gehalt, Arbeitsinhalte, Aufstiegschancen etc. hinausgehen, größtenteils auf Themen wie Work-Life-Balance. Für eine wachsende Gruppe von Bewerbern spielen jedoch auch weitere Aspekte der Nachhaltigkeit eine wichtige Rolle bei der Entscheidungsfindung. Deshalb wird Nachhaltigkeit als ein wichtiges Thema im Kampf um qualifizierte Talente (»War for Talents«) angesehen.

Unternehmenskultur

In den Interviews wurde von den Unternehmen auch auf die Bedeutung der Unternehmenskultur für die Umsetzung von Nachhaltigkeit hingewiesen. Die Unternehmenskultur wird als stärkste Form der Institutionalisierung einer Thematik im Unternehmen angesehen (vergleiche Scott 2008). Entscheidungen pro Nachhaltigkeit stoßen bei einer Verankerung des Themas in der Unternehmenskultur bei anderen Mitarbeitern nicht mehr so häufig auf Unverständnis, da das Thema als selbstverständlich angesehen wird. Als Beispiel für die Verankerung eines Themas in der Unternehmenskultur lassen sich einige Unternehmen der Luftfahrtbranche anführen, bei denen das Thema »Sicherheit« einen hohen Stellenwert besitzt und jede technische Neuerung, die zur Sicherheit des Flugbetriebs beiträgt, Priorität gegenüber strikten Kostenüberlegungen hat.

Ist Nachhaltigkeit ein solcher Wert, wird die Berücksichtigung im Geschäftsmodell und im täglichen Handeln zur Selbstverständlichkeit. In manchen Unternehmen, die historisch viele ökologische und soziale Aspekte berücksichtigt haben, werden neue Themenfelder zeitnah umgesetzt (vergleiche Kapitel 4 zu Unternehmenswerten und Unternehmenskultur). In manchen Branchen ist dies sogar flächendeckend in den Unternehmen der Fall, beispielsweise bei Unternehmen der Chemiebranche.

Auch in einigen der im Rahmen der Studie befragten Unternehmen ist Nachhaltigkeit bereits in der Kultur des Unternehmens verankert und damit handlungsweisend. Diese Unternehmen differenzieren sich häufig von ihren Wettbewerbern am Markt, indem sie besonders nachhaltig sind, und setzen dadurch Standards für die jeweilige Branche beim Thema Nachhaltigkeit.

»*Es wäre seltsam gewesen, wenn das Unternehmen bei seiner Kultur nicht versucht hätte, bei diesem Thema eine Vorreiterrolle einzunehmen.*« (Controller)

Dabei spielen häufig die Gründerväter eine wichtige Rolle. Demnach werden Unternehmen noch bis heute durch das Leitbild ihrer Gründer, das das Thema Nachhaltigkeit beinhaltet, geprägt. Ebenfalls als wichtig wird der Einfluss der derzeitigen Eigentümer angesehen, wenn sie besonderen Wert auf ein nachhaltiges Wirtschaften legen. Dies wirkt sich primär durch eine Langfristigkeit bei der Zielsetzung der Unternehmen aus:

»*Bei einem quartalsweisen Reporting hat ein Unternehmen einen anderen Zugang zum Thema, als wenn eine Stiftung im Hintergrund steht.*« (Nachhaltigkeitsverantwortlicher)

Nachhaltigkeitsskandale

Im Gegensatz zur langfristigen Wirkung der Unternehmenskultur sind Skandale in Unternehmen kurzfristige Schockmomente. Allerdings können sie – vorausgesetzt sie führen zu einer entsprechenden öffentlichen Resonanz – Ausgangspunkte für ein grundlegendes Überdenken der Unternehmensposition sein. Ein öffentlicher Skandal kann demnach zu einer schlagartigen Veränderung führen beziehungsweise eine schleppende Veränderung in einem Unternehmen wesentlich beschleunigen.

Bekannte Beispiele für Skandale in Bezug auf Nachhaltigkeit sind die beiden amerikanischen Unternehmen Nike und Walmart. Der Sportartikelhersteller Nike steht seit der Verlagerung seiner Fertigung in asiatische Länder im Verdacht, dass in den Fabriken Kinder beschäftigt werden. Als Reaktion darauf legte Nike im Jahr 2005 Informationen über alle Fabriken weltweit offen, in de-

Skandale führen zur Neuausrichtung der Nachhaltigkeitsaktivitäten

In manchen Branchen ist Nachhaltigkeit eine Selbstverständlichkeit

Die Nachhaltigkeitsabteilung fungiert als Bindeglied zwischen Unternehmen und Stakeholdern

nen die Produkte des Unternehmens gefertigt werden. Beim Einzelhandelskonzern Walmart wurden vor einigen Jahren umfassende Menschenrechtsverletzungen öffentlich. Diese umfassten die Diskriminierung von Mitarbeitern sowie Vorkommnisse von Kinderarbeit in der Lieferkette. Im Jahr 2005 wurde der Konzern vom staatlichen norwegischen Pensionsfond, einem der größten Investmentfonds der Welt, aufgrund dieser Verstöße aus dem Portfolio genommen. Mittlerweile führt das Unternehmen eine detaillierte Überprüfung der Lieferkette mittels regelmäßiger Audits durch. Zudem hat das Unternehmen ein Projekt zur Veröffentlichung des Carbon Footprints der Produkte, die zu seinem Sortiment gehören, aufgesetzt. Damit positioniert sich Walmart seit dem Skandal als nachhaltigstes Unternehmen seiner Branche.

Einige der befragten Unternehmen verwiesen darauf, dass Skandale in Bezug auf das Thema Nachhaltigkeit eine Gefährdung für die Existenz des Unternehmens darstellen können. In einem Unternehmen wurde von den schwerwiegenden Konsequenzen eines Nachhaltigkeitsskandals berichtet. So wurde das Unternehmen als Folge des Skandals grundlegend neu strukturiert.

»*Das Unternehmen war durch den Skandal in einer ähnlichen Situation wie BP heute. Seitdem tut es alles, um solche Vorfälle zu vermeiden.*« (Nachhaltigkeitsverantwortlicher zum Zeitpunkt der Ölkatastrophe der »*Deepwater Horizon*«)

Weitere interne Akteure und Kontextfaktoren

Als weiterer interner Akteur kann die *Nachhaltigkeitsabteilung* beziehungsweise deren Vorgänger – hauptsächlich Umwelt- oder Qualitätsmanagementabteilungen – genannt werden. Jene Abteilungen sind divisions- und funktionsübergreifend für die Umsetzung und Koordination von Nachhaltigkeit im Unternehmen verantwortlich. Dabei dienen sie häufig als Bindeglied zwischen dem Unternehmen und dessen externem Umfeld, sodass Trends und Anforderungen an das Unternehmen über die Nachhaltigkeitsabteilung vermittelt und kommuniziert werden. Der Zugriff findet intern auf die Unternehmensbereiche über eine Gremienstruktur, teilweise unter Leitung der CEOs, statt. Extern erfolgt die Kommunikation dabei innerhalb von Unternehmensverbänden, in Form des Dialogs zu den Stakeholdern (beispielsweise an einem runden Tisch) sowie in schriftlicher Form über den Nachhaltigkeitsbericht. Damit fungiert die Nachhaltigkeitsabteilung in den befragten Unternehmen als forcierendes Element in Bezug auf die Umsetzung von Nachhaltigkeit. Die Abteilung kann jedoch nicht als Grund für die Umsetzung der Thematik angesehen werden. Vielmehr ist der Aufbau einer entsprechenden Abteilung bereits ein Teil der Umsetzung und damit eine Reaktion auf anderweitige Anforderungen und Interessen.

In wenigen der befragten Unternehmen wurde die *Marke* als Kontextfaktor für die Beschäftigung mit Nachhaltigkeit genannt. Die Marke ist in den befragten Unternehmen nur dann ein Einflussfaktor, wenn sie im Privatkundengeschäft eingesetzt wird und der Markenkern gegenwärtig oder zukünftig mit dem Begriff der Verantwortung in Verbindung gebracht werden kann. Ein Beispiel dafür sind Produzenten von Kindernahrung, bei denen die Anforderungen seitens der Kunden an die Verantwortung des Unternehmens für die Qualität des Produktes sehr hoch sind. In diesem Fall wird von den Privatkunden auch ein Engagement für ökologische und soziale Aspekte erwartet. Deshalb ist Nachhaltigkeit in solchen Unternehmen relevant und wird von diesen auch bei der Produktentwicklung und bei den Marketingaktivitäten genutzt.

Bedeutung und interner Stellenwert

Unternehmen gehen sehr unterschiedlich mit dem Thema Nachhaltigkeit um. Dies lässt sich exemplarisch anhand der unterschiedlichen Besetzung der Funktion des Nachhaltigkeitsverantwortlichen verdeutlichen. Teilweise wird diese Position von Marketingexperten oder von Markenmanagern ausgeübt. In manchen der befragten Unternehmen sind ehemalige Mitarbeiter aus dem Umwelt- oder Qualitätsmanagement für die Nachhaltigkeitsaktivitäten verantwortlich, oder es sind Strategen oder Verantwortliche aus dem Bereich Investor Relations. Vielfach geht die Besetzung der Position der Nachhaltigkeitsverantwortlichen mit der intendierten Ausrichtung des Unternehmens bezüglich der Nachhaltigkeitsthematik einher – und vielfach erscheint genau diese gewählte Ausrichtung für das entsprechende Unternehmen als sinnvoll. Dass es so viele Varianten gibt, liegt daran, dass die Unternehmen unterschiedlichen Einflüssen von externen Akteuren und Kontextfaktoren ausgesetzt sind und zudem Unterschiede bei der Einflussnahme interner Akteure und Kontextfaktoren bestehen.

Im folgenden Abschnitt soll deshalb dargestellt werden, in welcher Art und Weise Unternehmen verschiedener Branchen vom externen Umfeld betroffen sind und welche Chancen und Risiken für sie beim Thema Nachhaltigkeit bestehen. Dies mündet in der Entwicklung einer Matrix zur Darstellung der unterschiedlichen Bedeutung von Nachhaltigkeit. Sie dient als Grundlage für die Ableitung von Empfehlungen für die Ausgestaltung der Nachhaltigkeitsstrategie, die Verankerung von Nachhaltigkeit in der Unternehmenskultur und die Integration in die Steuerungslogik.

Der erste Abschnitt widmet sich der Darstellung eines Erklärungsmodells zur Bedeutung und zum internen Stellenwert von Nachhaltigkeit. Das Modell stellt den Bezug zu den im vorhergehenden Kapitel dargestellten Akteuren und Kontextfaktoren sowie zu der erwarteten beziehungsweise der tatsächlichen Umsetzung her. Anschließend wird die Matrix der Bedeutung von Nachhaltigkeit entwickelt und anhand von vier Branchen exemplarisch erläutert. Im letzten Abschnitt wird dargestellt, in welchen Fällen sich Abweichungen zwischen der Bedeutung und dem internen Stellenwert ergeben, welcher der Thematik beigemessen wird.

Nachhaltigkeit wird in Unternehmen unterschiedlich umgesetzt – warum?

Erklärungsmodell

Zwei Fragen bilden die Basis für die kommenden Abschnitte: Wie unterscheidet sich die Bedeutung von Nachhaltigkeit für Unternehmen? Und wieso wird Nachhaltigkeit in Unternehmen unterschiedlich umgesetzt, obwohl diese einem vergleichbaren externen Umfeld ausgesetzt sind? Für die Beantwortung der Fragen wurde ein Erklärungsmodell entwickelt. Das Modell schafft Orientierung bei der Erklärung der Unterschiede in der Umsetzung von Nachhaltigkeit.

Das Umfeld bestimmt die Bedeutung von Nachhaltigkeit für eine Branche

Die grundlegende Überlegung des Erklärungsmodells lautet, dass es einen Unterschied zwischen den objektiven Anforderungen an eine Branche (Soll-Zustand) und der tatsächlichen Umsetzung im Unternehmen (Ist-Zustand) gibt (siehe Abbildung 4). Das Erklärungsmodell dient an dieser Stelle als Übersicht. Die einzelnen Elemente werden in den folgenden Abschnitten detaillierter erklärt.

Interne Besonderheiten führen zu einem abweichenden Stellenwert von Nachhaltigkeit in einem Unternehmen

Im Erklärungsmodell werden die unterschiedlichen Einflüsse durch externe und interne Akteure und Kontextfaktoren aufgegriffen. Das externe Umfeld eines Unternehmens bestimmt dabei die objektiven, quasi »normalen« Anforderungen an die Umsetzung von Nachhaltigkeit. Sie sind für die Unternehmen einer Branche beziehungsweise für Unternehmen, die in einem ähnlichen Umfeld agieren (die beispielsweise den gleichen Regulierungsvorschriften ausgesetzt sind), gleich. Folglich ist auch eine ähnliche Umsetzung von Nachhaltigkeit zu erwarten. Auf Basis der objektiven *Bedeutung von Nachhaltigkeit* kann dementsprechend auch eine Empfehlung (Soll-Zustand) für die Ausgestaltung der Nachhaltigkeitsstrategie, die Verankerung von Nachhaltigkeit in der Unternehmenskultur und die Integration in die Steuerungslogik, abgeleitet werden.

Die Analyseergebnisse der von uns befragten Unternehmen zeigen aber, dass die Umsetzung nicht immer in der

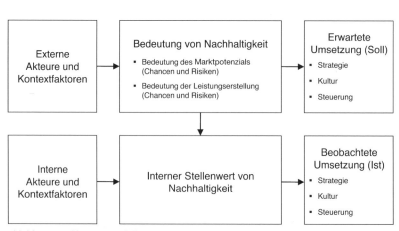

Abbildung 4: Erklärungsmodell der Umsetzung von Nachhaltigkeit

Art und Weise erfolgt, wie dies auf Basis des externen Umfelds zu erwarten gewesen wäre. Als Beispiel lässt sich auf die Automobilbranche verweisen, in welcher der Trend zu Hybrid- und Elektrofahrzeugen von einigen Herstellern wesentlich früher erkannt und umgesetzt wurde als von anderen. Zurückzuführen ist dies auf interne Akteure und Kontextfaktoren, die dafür verantwortlich sind, dass ökologische und soziale Maßnahmen mit unterschiedlichem Nachdruck verfolgt und umgesetzt werden.

Die Bedeutung, die der Thematik unternehmensintern beigemessen wird, bezeichnen wir im Folgenden als *internen Stellenwert* von Nachhaltigkeit. Dieser leitet sich also aus der objektiven Bedeutung von Nachhaltigkeit für das Unternehmen und dem Einfluss der internen Akteure und Kontextfaktoren ab. Er dient der Erklärung der tatsächlichen Umsetzung von Nachhaltigkeit in den befragten Unternehmen (Ist-Zustand).

Bedeutung von Nachhaltigkeit

Die Bedeutung von Nachhaltigkeit wird durch das externe Umfeld eines Unternehmens bestimmt: Die Interessen der externen Akteure (Geschäfts- und Privatkunden, Kapitalgeber und Ratingagenturen, Regulierung und Politik sowie NGOs) und der Einfluss der externen Kontextfaktoren (die Megatrends Ressourcenknappheit und Klimawandel) definieren also die Bedeutung von Nachhaltigkeit für ein Unternehmen. Da sich dieses Umfeld für Unternehmen einer Branche ähnlich darstellt, kann man – wie bereits angesprochen – von der Bedeutung von Nachhaltigkeit für eine Branche beziehungsweise von einer objektiven Bedeutung sprechen.

Das Umfeld der Unternehmen ist aufgrund der unterschiedlichen Anforderungen der externen Akteure und Kontextfaktoren sehr komplex. Es bestehen sehr unterschiedliche Chancen und Risiken für Unternehmen in Bezug auf Nachhaltigkeit. Insofern ist auch die Bedeutung von Nachhaltigkeit im Detail sehr unterschiedlich. Grundsätzlich lassen sich die Anforderungen des Umfelds jedoch auf zwei Dimensionen reduzieren: die Bedeutung von Nachhaltigkeit für das Marktpotenzial und die Bedeutung von Nachhaltigkeit für die Leistungserstellung eines Unternehmens (siehe Abbildung 5).

Die erste Leitfrage lautet dementsprechend: Wie wirkt sich das Thema Nachhaltigkeit durch die externen Akteure und Kontextfaktoren auf das *Marktpotenzial* des Unternehmens aus (siehe obere Box der linken Spalte bei Abbildung 5)? Das heißt, welche Chancen und Risiken bestehen für das Marktpotenzial eines Unternehmens aufgrund des Einflusses des externen Umfelds beim Thema Nachhaltigkeit? Nehmen wir als Beispiel den Akteur »Kunden«: Chancen können für Unternehmen beispielsweise dadurch entstehen, dass Kunden stärker auf die sozialen und ökologischen Auswirkungen der Produkte achten und so die Produkte für Videotelefonie der Telekommunikationsunternehmen stärker nachfragen als Flugreisen. Risiken könnten daraus resultieren, dass die Nachfrage durch Geschäfts- oder Privatkunden nach den Produkten eines Unternehmens sinkt, da die Produkte des bestehenden Portfolios zu viel CO_2 emittieren (siehe aktu-

Der Einfluss des externen Umfelds kann mithilfe von zwei Dimensionen dargestellt werden

Welche Chancen und Risiken gibt es beim Marktpotenzial?

ell insbesondere die Automobilbranche). Zudem ist zu beachten, inwiefern sich beispielsweise der Druck von Regulierungsbehörden in Chancen und Risiken für die Unternehmen umsetzt. Chancen ergeben sich zum Beispiel daraus, dass durch neue Regulierungsvorschriften die Anforderungen an die Produktgruppen einer konkurrierenden Branche verschärft werden (es sei wiederum auf das Beispiel der Videotelefonie im Vergleich zur regulierten Luftfahrtbranche verwiesen). Wenn die eigene Branche davon betroffen ist (wie die Luftfahrtbranche in letztgenanntem Beispiel), stellen die Vorschriften dagegen ein Risiko dar. Neben den beispielhaft aufgeführten Akteuren müssen auch alle weiteren Akteure und Kontextfaktoren hinsichtlich der Wirkung auf Chancen und Risiken durch das Thema Nachhaltigkeit für das Marktpotenzial des Unternehmens untersucht werden.

Die Chancen und Risiken für das Marktpotenzial lassen sich in je zwei Kriterien unterteilen (siehe untere Box der linken Spalte bei Abbildung 5). Die Chancen für Unternehmen beim Marktpotenzial durch Nachhaltigkeit unterteilen sich dabei in die Differenzierungsmöglichkeit aufgrund nachhaltiger Eigenschaften bereits bestehender Produkte und in die Entwicklung neuartiger Produkte, die über bessere ökologische und/oder soziale Produkteigenschaften verfügen. Die Risiken bestehen durch die Möglichkeit des Nachfragerückgangs aufgrund nicht-nachhaltiger Produkteigenschaften und durch die Gefahr der Einführung von Alternativprodukten. Dies ist der Fall, wenn alternative Produkte am Markt aufgrund ihrer

	Marktpotenzial	Leistungserstellung
Zentrale Fragestellung	Wie wirkt sich das Thema Nachhaltigkeit durch die externen Akteure und Kontextfaktoren auf das Marktpotenzial des Unternehmens aus?	Wie wirkt sich das Thema Nachhaltigkeit durch die externen Akteure und Kontextfaktoren auf die Leistungserstellung des Unternehmens aus?
Kriterien für die Bedeutung von Nachhaltigkeit	**Chancen** • Nachhaltige Produkteigenschaften bestehender Produkte • Entwicklung neuer, nachhaltiger Produkte **Risiken** • Nachfragerückgang aufgrund nicht-nachhaltiger Produkteigenschaften • Gefahr durch Alternativprodukte	**Chancen** • Differenzierung durch nachhaltige Leistungserstellung • Kostenreduktion durch nachhaltige Leistungserstellung **Risiken** • Nachfragerückgang aufgrund nicht-nachhaltiger Leistungserstellung • Zunahme des öffentlichen Drucks auf Unternehmen

Abbildung 5: Leitfragen und Kriterien der Bedeutung von Nachhaltigkeit

nachhaltigen Produkteigenschaften die eigene Produktpalette bedrohen.

Die zweite Leitfrage der Bedeutung von Nachhaltigkeit lautet: Wie wirkt sich das Thema Nachhaltigkeit durch die externen Akteure und Kontextfaktoren auf die *Leistungserstellung* des Unternehmens aus (siehe obere Box der rechten Spalte bei Abbildung 5)? Welche Chancen und Risiken bestehen bei der Leistungserstellung? Betrachten wir zum Beispiel den Einfluss der Investoren: Chancen können dadurch entstehen, dass Unternehmen aufgrund geringer ökologischer und/oder sozialer Auswirkungen bei der Leistungserstellung von Ratingagenturen als risikolos eingestuft werden, sodass der Zugang zu den Kapitalmärkten erleichtert wird. Dagegen stellt eine fehlende Notierung im DJSI aufgrund einer nicht-nachhaltigen Produktion ein Risiko für Unternehmen dar. Auch am Akteur »NGO« lässt sich verdeutlichen, dass der Einfluss sich in Chancen und Risiken äußert. Manche Branchen gelten per se als umweltfreundlich – durch eine imagefördernde Kooperation mit einer NGO lässt sich für ein Unternehmen eine höhere Marktrendite abschöpfen (zum Beispiel in der umweltfreundlichen Telekommunikationsbranche). In anderen Fällen ist absehbar, dass der öffentliche Druck durch NGOs auf die Unternehmen aufgrund ihrer Leistungserstellung wächst, sodass diese – teilweise umfassend – angepasst werden muss (siehe aktuell insbesondere den Druck auf Energieerzeuger, sich von den Atomkraftwerken zu trennen und den Anteil erneuerbarer Energien an der Erzeugung zu steigern). Auch durch den Druck der Kunden können sowohl Chancen als auch Risiken entstehen. Chancen können sich aus der gesteigerten Nachfrage nach Gütern ergeben, die sozial und ökologisch produziert wurden (siehe zum Beispiel den Carbon Footprint oder bestehende Gütesiegel wie der Blaue Engel). Ebenso können Risiken entstehen, wenn die sozialen und ökologischen Bedingungen in der Leistungserstellung in einer Branche nicht wesentlich verbessert werden können (zum Beispiel im Bergbau). Auch für die Leistungserstellung muss jeder Akteur und Kontextfaktor hinsichtlich der Wirkung auf Chancen und Risiken durch das Thema Nachhaltigkeit überprüft werden.

Für die Bedeutung der Leistungserstellung lassen sich wiederum je zwei Kriterien für Chancen und Risiken unterscheiden (siehe untere Box der rechten Spalte bei Abbildung 5). Die Chancen für Unternehmen bei der Leistungserstellung durch Nachhaltigkeit unterteilen sich dabei in die Differenzierungsmöglichkeit aufgrund einer nachhaltigen Leistungserstellung und durch die Möglichkeit zur Reduktion der Produktionskosten (zum Beispiel Senkung des Energieverbrauchs). Die Risiken bestehen in Form der Möglichkeit eines Nachfragerückgangs aufgrund einer nicht-nachhaltigen Leistungserstellung und durch die Gefährdung durch die Zunahme des öffentlichen Drucks auf Unternehmen einer Branche.

Die dargestellten Kriterien spiegeln jeweils zentrale Aspekte der beiden Leitfragen beziehungsweise der beiden Dimensionen von Nachhaltigkeit wider. Sie bilden das Grundgerüst für unsere Konzeptionalisierung der Bedeutung von Nachhaltigkeit. Für die Zwecke unseres AC-Bandes haben wir uns dabei

Welche Chancen und Risiken bestehen bei der Leistungserstellung?

für eine sehr pragmatische Vorgehensweise entschieden (die im konkreten Anwendungsfall noch stärker differenziert werden könnte): Sofern zumindest die Chancen oder die Risiken des Marktpotenzials durch das Thema Nachhaltigkeit innerhalb einer Branche hoch sind, wird die Bedeutung des Marktpotenzials für die entsprechenden Unternehmen als hoch eingestuft. Gleiches gilt bei der Leistungserstellung. Die Informationen werden anschließend zu der Matrix der Bedeutung von Nachhaltigkeit aggregiert (siehe Abbildung 6).

Bedeutung für Nachhaltigkeit für ausgewählte Branchenbeispiele

Im Folgenden wird die Einordnung von Branchen in die Matrix anhand der Branchen IT, Logistik, Chemie und Einzelhandel exemplarisch dargestellt (siehe Abbildung 7). Unternehmen aus der Chemiebranche sind sowohl bezüglich des Marktpotenzials als auch bezüglich der Leistungserstellung vom Thema Nachhaltigkeit erheblich betroffen und werden daher oben rechts in der Matrix positioniert. Für die IT-Branche und die Logistikbranche ist jeweils nur eines der beiden Felder von hoher Bedeutung. Für Einzel-

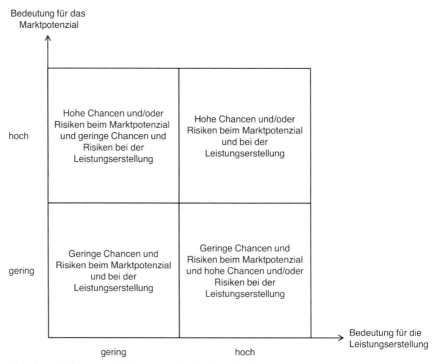

Abbildung 6: Chancen und Risiken von Nachhaltigkeit beim Marktpotenzial und bei der Leistungserstellung

handelsunternehmen sind schließlich sowohl die Leistungserstellung als auch das Marktpotenzial aus Nachhaltigkeitsaspekten her betrachtet nicht sehr bedeutsam. Diese Zuordnung wird auf den folgenden Seiten umfassend erklärt.

Die Chancen, die für IT-Unternehmen aufgrund von Nachhaltigkeit beim Marktpotenzial entstehen, sind hoch. Dies liegt zum einen an den Differenzierungsmöglichkeiten durch nachhaltige Produkteigenschaften. Beispielsweise lassen sich Kostenrechnungssysteme um eine automatische Erfassung ökologischer Kennzahlen erweitern, wie etwa die Erfassung von CO_2-Emissionen. Das zusätzliche Modul kann Geschäftskunden detaillierte Informationen über Hebel zur Energiereduktion liefern und bietet somit einen hohen Mehrwert. Zum anderen bestehen erhebliche Chancen, neuartige Produkte zu entwickeln. Smart Grid, das heißt das Management der Energieversorgung, ist ein Beispiel dafür.

Mittels Smart Grid wird versucht, durch die Kommunikation verschiedener Energiequellen und Energienutzer untereinander Energie möglichst effizient und bedarfsgerecht zu erzeugen. Dabei muss die Zwischenspeicherung von Energie in Batterien gesteuert werden, wodurch die Erzeugung und der Verbrauch von Energie entkoppelt werden. Dies ist insbesondere relevant für die effiziente Nutzung und Einbindung erneuerbarer Energiequellen und die Auslastung von Kraftwerken. Hinsichtlich erneuerbarer Energien kann das Problem der schwankenden Einspeisung von Energie in das Stromnetz behoben werden, das beispielsweise aufgrund geringerer Stromproduktion von Solaranlagen und in der Nacht entsteht. IT-Unternehmen können die dafür benötigte Technologie zur Kommunikation der Erzeuger und Verbraucher zur Verfügung stellen. Weitere Beispiele sind Software zur Steuerung und Optimierung von Verkehrsströmen oder von Gebäuden; jeweils Felder mit einem hohen Marktpotenzial für IT-Unternehmen, das durch die Nachhaltigkeitsproblematik entsteht. Die Risiken beim Marktpotenzial durch Nachhaltigkeit sind gering, da weder von einem Verzicht auf Software aufgrund nicht-nachhaltiger Produkteigenschaften noch von der Gefahr von nachhaltigeren Alternativprodukten ausgegangen werden kann (wie dargestellt, kann Software eher als Alternativprodukt für andere Produkte dienen).

Aufseiten der Leistungserstellung sind die Chancen für IT-Unternehmen, die durch Nachhaltigkeit entstehen, gering. Es gibt keine Differenzierungsmöglichkeiten aufgrund einer nachhaltigen Softwareentwicklung und auch die Möglichkeit zur Reduktion von Kosten – mit Ausnahme von Green IT-Maßnahmen (zum Beispiel Einsatz energieeffizienter Server) – ist eher gering. Ebenso sind die Risiken bei der Leistungserstellung gering. Es ist weder von einem Verzicht auf Software aufgrund einer nicht-nachhaltigen Softwareentwicklung auszugehen noch von einem erhöhten Druck der Öffentlichkeit auf IT-Unternehmen.

Bei Logistikunternehmen ist die Bedeutung von Nachhaltigkeit für das Marktpotenzial eher gering. Es gibt nur wenige Möglichkeiten zur Differenzierung. Eine Ausnahme bildet das Angebot einer emissionsfreien Beförderung von Gütern durch den Erwerb von CO_2-

Hohe Bedeutung von Nachhaltigkeit für das Marktpotenzial für IT-Unternehmen

Hohe Bedeutung von Nachhaltigkeit für die Leistungserstellung für Logistikunternehmen

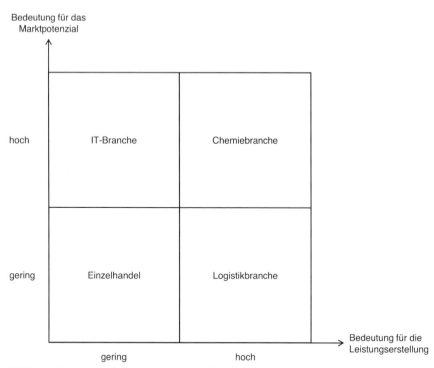

Abbildung 7: Matrix zur Bedeutung von Nachhaltigkeit

Zertifikaten (wie zum Beispiel GoGreen Produkte der Deutschen Post DHL für Post- und Paketsendungen). Alternativprodukte für die Beförderung von Gütern bestehen nur bedingt, etwa durch die Virtualisierung des Gutes (wie zum Beispiel der zertifizierte ePost Brief der Deutschen Post DHL). Davon wurde die Nachfrage bislang jedoch vergleichsweise wenig tangiert.

Die Bedeutung von Nachhaltigkeit für die Leistungserstellung ist ungleich größer. Insbesondere besteht ein hohes Kostensenkungspotenzial bei den Transportlösungen, zum Beispiel durch eine intelligente Routenplanung oder den Einsatz von Hybrid- und Elektroautos. Logistikdienstleister können sich zudem im Geschäftskundenbereich durch eine nachhaltige Leistungserstellung differenzieren. Der Grund dafür besteht darin, dass sich viele Unternehmen, die Geschäftskunden von Logistikdienstleistern sind, mittlerweile zu einer Senkung der CO_2-Emissionen verpflichtet haben. Zur Erreichung der Reduktionsziele kann die Logistik einen großen Beitrag leisten, sodass die Effizienzanforderungen vonseiten der Geschäftskunden an Logistikunternehmen steigen. Zum Beleg des CO_2-effizienteren Transports werden von Logistikunternehmen häufig CO_2-Daten gefordert. Die Risiken bei der Leistungserstellung stehen im Zusammenhang mit einer möglichen lokaleren Produktion, welche die Nachfrage nach Logistikdienstleitungen reduziert und damit das Klima schont. Bislang äußert sich dieses Risiko durch die stärkere Regulierung der Luftfahrtbranche, die zu einer Verteuerung der Luftfracht führt.

Betrachten wir das dritte der vier Felder der Matrix, das Chemieunternehmen als Beispiel aufführt. Das Thema Nachhaltigkeit hat eine hohe Bedeutung für deren Marktpotenzial, da eine Vielzahl von Möglichkeiten zur Differenzierung durch nachhaltige Produkteigenschaften oder durch die Entwicklung nachhaltiger Produkte besteht. Im Geschäftskundenbereich birgt Nachhaltigkeit aufgrund des Klimawandels zudem zunehmend Differenzierungspotenzial, da sich viele chemische Erzeugnisse zur Reduktion von CO_2-Emissionen bei den Kunden anwenden lassen (vergleiche dazu beispielsweise die ausführliche Darstellung des Produktportfolios bei BASF auf der Unternehmenshomepage). Insbesondere bei der Materialentwicklung zeigt sich ein großes Marktpotenzial, zum Beispiel durch die Entwicklung optimierter Dämmmaterialien für Gebäude zur Steigerung der Energieeffizienz. Auch in der Agrochemie bestehen viele Chancen für das Marktpotenzial bei Chemieunternehmen. Die grundsätzliche Zielsetzung, die Lösung des Ernährungsproblems in den Ländern der Dritten Welt, hat bereits zu einer Reihe von Innovationen geführt. Durch spezielle Züchtungen oder Eingriffe in das Erbgut von Pflanzen lassen sich zum Beispiel die Inhaltsstoffe von Früchten optimieren (vitaminversetzte Nahrungsmittel) oder deren Anbauprozess verbessern (zum Beispiel Reis, der einen geringen Wasserbedarf hat). Es existieren zudem auch Risiken für das Marktpotenzial von Chemieunternehmen durch Nachhaltigkeit aufgrund dieser Produkteigenschaften. Hier ist insbesondere der Einfluss von Herbiziden auf die mangelnde langfristige Ergiebigkeit von Ackerflächen und die Verringerung der Biodiversität zu nennen. Auch die Verwendung von genetisch verändertem Saatgut steht nicht nur generell in der Öffentlichkeit in der Kritik, sondern wird auch im Speziellen von Endkonsumenten und den Kunden, das heißt Agrarwirten, kritisch gesehen.

Auch bei der Leistungserstellung bestehen hohe Chancen und Risiken bezüglich Nachhaltigkeit. Zum einen ist die Chemieerzeugung energieintensiv, sodass ein hohes Kosteneinsparpotenzial durch effizientere Produktionsmethoden besteht. Die Differenzierung aufgrund einer nachhaltigen Leistungserstellung wird mit zunehmender Verbreitung des Product Carbon Footprint möglich, da viele Erzeugnisse weiterverarbeitet werden und der CO_2-Ausstoß damit in den Carbon Footprint der Endprodukte einfließt. Zum anderen ist der öffentliche Druck auf Chemieunternehmen (aufgrund der Leistungserstellung) hoch. Dabei wird zum einen intensiv verfolgt, welche ökologischen Folgen durch die Produktion entstehen, da Chemieunternehmen diesbezüglich in früheren Jahrzehnten stark in die Kritik geraten sind. Dieser Druck wird hauptsächlich durch die Anwohner an den Unternehmensstandorten ausgeübt (zum Beispiel bei Anlässen wie dem Bau von Pipelines und bei Fabrikerweiterungen). Zum anderen stehen Chemieunternehmen bei sozialen Aspekten wie dem Arbeits-

Hohe Bedeutung von Nachhaltigkeit für Marktpotenzial und Leistungserstellung bei Chemieunternehmen

Geringe Bedeutung von Nachhaltigkeit für den Einzelhandel

schutz unter einer starken Beobachtung.

Im Einzelhandel ist die Bedeutung von Nachhaltigkeit schließlich insgesamt eher gering. Chancen ergeben sich beim Marktpotenzial zum Beispiel durch das Angebot von Bio- und Fairtrade-Produkten bei Lebensmitteln oder die verstärkte Vermarktung energieeffizienter Haushaltsgeräte in Elektrofachmärkten. Ein Risiko für das Marktpotenzial besteht durch die alternative Lieferung mittels eines Onlineversands aufgrund effizienterer Lagerung und Lieferung an Kunden. Aus der Perspektive der Nachhaltigkeit ist dieses Risiko jedoch eher gering, da ein Onlineversand nicht unbedingt klimafreundlicher agiert.

Auch bei der Leistungserstellung bestehen eher geringe Chancen und Risiken. Im Lebensmittelhandel werden neue Verfahren effizienterer Kühlung getestet, durch die Kosten reduziert werden könnten. Insofern sind gewisse Chancen vorhanden. Eine Differenzierung beim Endkunden dadurch ist jedoch schwierig, da diese Leistung etwa nicht im Carbon Footprint eines Produkts berücksichtigt werden würde. Eine Transparenz ist somit nur auf Ebene des gesamten Unternehmens möglich. Die Risiken der Leistungserstellung bestehen im Handel primär durch Skandale bei Lieferanten, wie zum Beispiel Kinderarbeit. Die Öffentlichkeit erwartet von Handelsunternehmen eine zunehmende Verantwortungsübernahme für ihre Lieferkette.

Die Matrix der Bedeutung von Nachhaltigkeit gibt Orientierung für die Umsetzung der Thematik

Die Matrix zur Bedeutung von Nachhaltigkeit schafft einen ersten Überblick für den Umgang von Unternehmen mit der Thematik, indem sie auf die wichtigen Stellhebel, über die ein Unternehmen verfügt, hinweist. Für Unternehmen, die sich bislang noch nicht intensiv mit dem Thema Nachhaltigkeit auseinandergesetzt haben, gibt die Matrix eine Orientierung für die wesentlichen Ansatzpunkte. Die externen Anforderungen beim Thema Nachhaltigkeit können sich auf das Marktpotenzial und/oder die Leistungsstellung der Unternehmen richten. Daraus resultieren unterschiedliche Ansatzpunkte für eine nachhaltige Gestaltung des Unternehmens zur Realisierung der Chancen beziehungsweise zur Vermeidung der Risiken, die durch die Thematik entstehen. So sollte sich die Auseinandersetzung mit Nachhaltigkeit in Unternehmen der IT-Branche primär auf die Evaluierung und die Gestaltung des Produktportfolios konzentrieren. Ein Hebel besteht beispielsweise in der Integration von Nachhaltigkeitskriterien in den Innovationsprozess, sodass das Potenzial von Nachhaltigkeit durch innovative Produkte ausgeschöpft werden kann. Dagegen sollte der Fokus in Logistikunternehmen (hohe Bedeutung der Leistungserstellung) auf die Effizienzsteigerung der Lieferprozesse gelegt werden, zum Beispiel durch eine geeignete Auswahl der Subunternehmen (vergleiche Kapitel 5 zur Prozesssteuerung).

Die aufgeführten Beispiele verdeutlichen, dass es keine Einheitslösung für die Umsetzung von Nachhaltigkeit in Unternehmen gibt. Natürlich ist es auch für Unternehmen der IT-Branche durchaus sinnvoll, die (Energie-)Effizienz der Prozesse im Sinne der Nachhaltigkeit zu steigern, sofern sich die Modernisierung ökonomisch rentiert. Im ersten Schritt sollten sich die entsprechenden Unternehmen jedoch auf die Chancen und Risiken beim Marktpotenzial fokussieren, da diese für den Erfolg der Unternehmen bedeutender sind. Eine einheitliche, schrittweise Umsetzung von Nachhaltigkeit (wie zum Beispiel von Nidumolu/Prahalad/Rangaswami 2009 empfehlen), ist auf Basis der Erkenntnisse in dieser Studie nicht der richtige Weg.

Wie bereits dargestellt leitet sich die in der Matrix verdeutlichte Bedeutung von Nachhaltigkeit rein aus dem externen Umfeld ab und ist damit für alle Unternehmen einer Branche gleich. Die Matrix dient folglich als Grundlage für die Ableitung von Empfehlungen für die Ausgestaltung der Nachhaltigkeitsstrategie, die Verankerung von Nachhaltigkeit in der Unternehmenskultur und die Integration in die Steuerungslogik (Soll-Matrix). Je nachdem, ob das Marktpotenzial und/oder die Leistungserstellung für die Unternehmen einer Branche von Bedeutung sind, sollte eine entsprechende Ausgestaltung dieser Aspekte im Unternehmen erfolgen.

Interner Stellenwert von Nachhaltigkeit

Wie im Erklärungsmodell dargestellt, kann der interne Stellenwert, der dem Thema Nachhaltigkeit in einem Unternehmen beigemessen wird, von der objektiven Bedeutung von Nachhaltigkeit für eine Branche abweichen. Dies ist – wie gezeigt – auf die internen Akteure und Kontextfaktoren zurückzuführen. Betrachten wir diese (auf der Basis unserer Interviews) nun im folgenden Abschnitt.

In allen befragten Unternehmen sind die Mitarbeiter eine wichtige Einflussgröße für die Umsetzung von Nachhaltigkeit. Grundsätzlich ist eine entsprechende Erwartungshaltung der Mitarbeiter für die Umsetzung von Nachhaltigkeit in den Unternehmen vorhanden. In den meisten Unternehmen wird Nachhaltigkeit zudem vom CEO aufgegriffen und gefördert. Eine ausgeprägte Unternehmenskultur hat sich dagegen nur in wenigen der an der Studie teilnehmenden Unternehmen bereits entwickelt. Die selbstverständliche Berücksichtigung ökologischer und sozialer Aspekte in den Geschäftsprozessen des Unternehmens findet also bislang eher selten statt. Lediglich in einem Unternehmen hat ein gravierender Skandal zur Intensivierung der Umsetzung von Nachhaltigkeit geführt, sodass der Thematik intern der höchste mögliche Stellenwert beigemessen wird.

Bei der Abweichung des internen Stellenwerts von der Bedeutung von Nachhaltigkeit sind zwei Szenarien denkbar. Zum einen kann Nachhaltigkeit intern ein höherer Stellenwert beigemessen werden, als dies aufgrund der externen Anforderungen an die Branche zu erwarten wäre. Ein Beispiel hierfür ist die Henkel AG & Co. KGaA. Das Unternehmen verfügt über die drei Geschäftsbereiche Kosmetik, Klebstoffe und Waschmittel. In allen drei Bereichen ist der kurzfristige ökonomische Mehrwert nicht offensichtlich. So ist das Marktpotenzial für ökologisch und sozial fokussierte Produkte vergleichsweise gering und die Aufmerksamkeit der Kunden in Handel und Industrie richtet sich meist auf andere Bereiche. In der Leistungserstellung sind eher geringe Chancen und Risiken vorhanden, die jedoch kein wesentlicher Treiber für Nachhaltigkeit sind. Im Fall von Henkel hat Nachhaltig-

Es existiert keine Standardlösung für Nachhaltigkeit

Abweichung 1: Die Historie des Unternehmens spielt eine wichtige Rolle

keit aber einen sehr hohen internen Stellenwert, da das Thema aufgrund der Vergangenheit als Chemieunternehmen als Wert in der Unternehmenskultur verankert ist. Dies führt dazu, dass sich das Unternehmen als Marktführer für nachhaltige Produkte und eine nachhaltige Produktion etabliert hat und das jeweilige Chancenpotenzial überwiegend ausschöpft (siehe Unternehmensbeispiel Bedeutung und interner Stellenwert von Nachhaltigkeit bei der Henkel AG & Co. KGaA).

Unternehmensbeispiel: Bedeutung und interner Stellenwert von Nachhaltigkeit bei der Henkel AG & Co. KGaA

Ausschnitte aus einem Interview mit Herrn Carsten Knobel, Corporate Senior Vice President Cosmetics & Toiletries, Financial Director, Finance – Corporate Controlling

Henkel AG & Co. KGaA

Henkel ist weltweit mit führenden Marken und Technologien in den drei Geschäftsfeldern Wasch-/Reinigungsmittel, Kosmetik/Körperpflege und Adhesive Technologies (Klebstoff-Technologien) tätig. 2010 wurde ein Konzernumsatz von mehr als 15 Milliarden Euro erwirtschaftet. Von rund 48.000 Mitarbeitern sind 80 Prozent außerhalb Deutschlands tätig. Damit ist Henkel eines der am stärksten international ausgerichteten Unternehmen in Deutschland.

Carsten Knobel

Nach seinem Studium der Wirtschaftswissenschaften und der technischen Chemie in Berlin trat Carsten Knobel 1995 als Vorstandsassistent im Bereich Forschung & Entwicklung bei Henkel ein. Es folgten Positionen als Manager im Marketingcontrolling, Direktor im Regionalcontrolling und M&A Kosmetik/Körperpflege, Produktmanager im internationalen Marketing und Bereichsleiter für Strategieentwicklung und Konzerncontrolling der Henkel Gruppe. Viele seiner Positionen führten ihn ins Ausland. Seit 2009 ist Carsten Knobel als Ressortleiter der Unternehmensbereiche Kosmetik/Körperpflege und Finanzen tätig. Als Finanzdirektor im Unternehmensbereich Kosmetik/Körperpflege verantwortet er die Gebiete Finanzen/Controlling, Business Development, Marktforschung und Media, im Finanzbereich leitet er das Corporate Controlling.

Herr Knobel, inwiefern üben Ihre Stakeholder Druck auf Henkel aus, sich mit Nachhaltigkeit zu beschäftigen?

Es gibt zwei wesentliche Stakeholder bei dieser Thematik. Der wichtigste Stakeholder ist aus Sicht von Henkel der Kunde. Die Konsumenten erwarten einerseits von Henkel, dass wir unsere Produkte sozial und ökologisch gestalten und herstellen. Andererseits verlangen sie eine uneingeschränkte Produktleistung bei regulären Preisen.

Der andere wichtige Stakeholder ist Henkel selbst. Das Thema Nachhaltigkeit ist ein wichtiger Bestandteil unserer Unternehmenskultur. Wir verpflichten uns in unseren Unternehmenswerten, unsere führende Rolle im Bereich Nachhaltigkeit auszubauen. Das bedeutet, dass wir – entlang der gesamten Wertschöpfungskette – mit unseren Marken und Technologien die Bedürfnisse der Menschen heute erfüllen, ohne dabei die Entwicklungsmöglichkeiten künftiger Generationen zu gefährden.

Welche Erfahrungen haben Sie mit weiteren Stakeholdern?

Das Thema Nachhaltigkeit wird aktuell auf Konferenzen mit Investoren und Analysten sicherlich häufiger als früher behandelt. Henkel ist dabei gut aufgestellt: Durch die langjährige Auseinandersetzung mit nachhaltigem Handeln haben wir eine ausgezeichnete Reputation als Unternehmen und weltweit führende Positionen erlangt. Der Druck der breiteren Öffentlichkeit ist aber eher gering. Da sind andere Branchen, denke ich, klarer im Fokus. Trotzdem verpflichten wir uns der Nachhaltigkeit, indem wir zum Beispiel anstreben, Potenziale an unseren Standorten zu heben, Energie-, Wasserverbrauch oder Abfälle zu reduzieren.

Wie kam es denn trotzdem dazu, dass Henkel so frühzeitig und vor allem so intensiv damit begonnen hat, Nachhaltigkeit in die Geschäftstätigkeit zu integrieren?

Ich kann mir vorstellen, dass dies damit zu tun hat, dass das Unternehmen in der Vergangenheit noch stärker in der Chemiebranche tätig war. Daher haben wir uns schon immer mit Themen wie nachwachsenden Rohstoffen, Rohstoffverbrauch und ressourcenschonenden Produktionstechniken auseinandergesetzt. Bereits in den 80er Jahren wurde beispielsweise die erste Verordnung »Grundsätze und Ziele zu Umweltschutz und Sicherheit« eingeführt. In dieser Verordnung wurden Themen wie Arbeitsschutz, Ressourcenschonung und Emissionsminderung in unseren Produktionsstandorten geregelt. Insofern ist Nachhaltigkeit bei Henkel alles andere als ein Modethema.

Die Chemiesparte wurde doch vor Jahren verkauft?

Richtig, aber diese Themen stecken weiter in den Köpfen unserer Mitarbeiter, obwohl die Chemiesparte 2005 verkauft wurde. Das ist für sie eine Selbstverständlichkeit. Auch der Vorstand hat sich klar dem Thema Nachhaltigkeit verpflichtet. Er lebt das den Mitarbeitern vor und zeigt damit auch, dass er es mit der Umsetzung ernst meint. Ansonsten besteht die Gefahr, dass bei der ersten kleinen Problematik Nachhaltigkeit hinten angestellt wird und die guten Vorsätze im Tagesgeschäft in Vergessenheit geraten. Sie müssen sich vorstellen, dass Nachhaltigkeit immer dann Gefahr läuft zu scheitern, wenn den Mitarbeitern deren Nutzen mit Blick auf das eigene Budget nicht bewusst wird. Zum nachhaltigen Wirtschaften gehört auch der ökonomische Erfolg, und die optimale Balance unterschiedlicher Ziele zu finden ist nicht immer einfach. Die Faktoren der Verankerung in der Unternehmenskultur und Topmanagement-Unterstützung sind daher definitiv zwei Stützpfeiler unserer Vorreiterschaft als nachhaltiges Unternehmen.

Woran machen Sie die erwähnte Vorreiterschaft fest und wie können Sie als Unternehmen davon profitieren?

Man muss sich nur anschauen, wie oft Henkel für Auszeichnungen und Preise im Bereich Nachhaltigkeit nominiert ist. Für das Jahr 2010 zum Beispiel ist Henkel zum vierten Mal in Folge »Sustainability Leader« im Marktsektor kurzlebige Konsumgüter des weltweiten »Dow Jones Sustainability Index« geworden. Der Index führt Unternehmen auf, die vorbildlich nach den Prinzipien einer nachhaltigen Entwicklung wirtschaften. Unser Kunde Walmart hat Henkel in 2010 zum zweiten Mal mit dem »Walmart Sustainability Award« ausgezeichnet. Dies sind nur zwei Beispiele. Oder nehmen sie unsere Produkte, beispielsweise im Bereich Kosmetik. Right Guard-Deodorant-Spray zeigt beispielhaft, wie wir den Nutzen für die Verbraucher erhöhen und gleichzeitig den ökologischen Fußabdruck verringern: Die neu entwickelte Rezeptur mit antibakteriellen Silbermolekülen schützt 48 Stunden vor Körpergeruch. Das optimierte Sprühventil verringert übliche Sprühverluste um 20 Prozent. In Kombination mit einer effizienten Rezeptur, einer kontinuierlich optimierten Produktion und Logistikkette ist das Ergebnis ein noch niedrigerer CO_2-Fußabdruck. Ich denke, dass Henkel dadurch auch für Kunden und Investoren interessanter wird.

Wie wird sich das Unternehmen in der Zukunft ausrichten?

Wir werden nach wie vor eine Balance zwischen wirtschaftlichem Erfolg, Schutz der Umwelt und gesellschaftlicher Verantwortung anstreben. Dabei wollen wir das vorhandene Potenzial von Nachhaltigkeit noch stärker nutzen. Die Nachhaltigkeitsperformance bei Henkel ist zwar schon eine sehr gute – die bis 2012 gesetzten konzernweiten Ziele konnten wir bereits 2010 vorzeitig erreichen. Wir sind aber überzeugt, dass unsere Fortschritte im Bereich Ressourceneffizienz und Wirtschaftlichkeit auch einen wichtigen Beitrag zur Erreichung unserer Finanzziele leisten. Oftmals hilft bereits die Aufklärung der Kunden: Wenn wir vorrechnen können, dass die Kunden bei Nutzung unseres energieeffizienteren Produktes Geld gegenüber der Nutzung von Konkurrenzprodukten sparen, dann wird auch die Nachfrage größer werden.

Abweichung 2: Die Vernachlässigung von Nachhaltigkeit birgt Risiken

Im zweiten Szenario wird Nachhaltigkeit intern ein geringerer Stellenwert beigemessen, als dies aufgrund des externen Umfelds zu erwarten wäre. In einem der befragten Unternehmen führt der Druck der externen Akteure und Kontextfaktoren zu einer hohen Bedeutung von Nachhaltigkeit in der Leistungserstellung. Die gesamte Branche steht vor einer großen Herausforderung. Intern allerdings wird die Auseinandersetzung mit Nachhaltigkeit nur durch die Mitarbeiter forciert. Der CEO fungiert nicht als Treiber bei der Umsetzung des Themas. Ferner ist das Thema auch noch nicht Teil der Unternehmenskultur. Somit tragen die internen Akteure und Kontextfaktoren nicht in der erwarteten Art und Weise zur Umsetzung bei. Folglich wird Nachhaltigkeit bislang lediglich in vergleichsweise geringem Umfang umgesetzt.

Wie ist schließlich eine Abweichung des internen Stellenwerts von der objektiven Bedeutung von Nachhaltigkeit zu bewerten? Wird Nachhaltigkeit intern ein höherer Stellenwert beigemessen, können bestehende Chancen von Nachhaltigkeit beim Marktpotenzial und der Leistungserstellung genutzt und Risiken reduziert werden. Das Beispiel der Henkel AG & Co. KGaA verdeutlicht, welches Geschäftspotenzial aufgrund einer guten Positionierung bei der Thematik in einem wettbewerbsintensiven Markt realisiert werden kann. Auch eine Verbesserung der Finanzierungsmöglichkeiten kann aus der Spitzenposition, die das Unternehmen in den diversen Nachhaltigkeitsratings erzielt, resultieren. Damit wird verdeutlicht, dass sich eine solche Abweichung des internen Stellenwerts positiv auf das Ergebnis des Unternehmens auswirken kann. Es sollte jedoch generell beachtet werden, dass eine Konzentration auf das Thema Nachhaltigkeit bei einer geringen Bedeutung in bestimmten Fällen auch zu einer Fehlallokation von Ressourcen führen kann.

Kritisch ist dagegen die Vernachlässigung der Umsetzung von Nachhaltigkeit zu sehen, obwohl das externe Umfeld vergleichsweise hohe Anforderungen an das Unternehmen stellt. In diesem Fall droht das Unternehmen, Risiken zu unterschätzen, sodass beispielsweise erst verspätet auf eine Verschärfung der Regulierung oder die plötzliche Zunahme des öffentlichen Drucks reagiert wird. Zudem besteht die Gefahr, dass Kostenpotenziale in der Leistungserstellung nicht gehoben werden, da sie nicht systematisch analysiert werden. Solchen Unternehmen droht der Verlust des Anschlusses an die Konkurrenz. Es wird unter Umständen kostspielig – im schlimmsten Fall unmöglich – den verlorenen Boden wieder gutzumachen.

Zusammenfassung

Im Kapitel Bedeutung von Nachhaltigkeit wurde auf die Konzeptionalisierung von Nachhaltigkeit, den Einfluss von externen und internen Akteuren und Kontextfaktoren sowie den Unterschied von Bedeutung und internem Stellenwert eingegangen. Es lässt sich festhalten, dass sich Nachhaltigkeit durch die Brundtland-Definition abgrenzen lässt. Diese Definition thematisiert nach heutigem Verständnis insbesondere die Intergenerationengerechtigkeit als gewünschten Zustand. Die Gerechtigkeit zwischen den Generationen wird durch die Verknappung endlicher Ressourcen aufgrund eines wachsenden Verbrauchs zunehmend eingeschränkt und stellt eine Herausforderung für die gesamte Gesellschaft dar.

Die von uns untersuchten Unternehmen operationalisieren dabei ihren Beitrag zur Erzielung von Nachhaltigkeit durch die Handlungsmaxime eines ökonomischen Triple-Bottom-Line-Ansatzes. Durch diesen wird der Fokus stärker als früher auf die Umsetzung ökologischer und sozialer Aspekte gelenkt. Durch die Voraussetzung, dass alle diese Maßnahmen einen ökonomischen Mehrwert generieren müssen (Win-win), findet jedoch keine Anpassung der grundlegenden Zielhierarchie statt. Dies erscheint – zumindest in einem ersten Schritt – auch nicht als notwendig, da das Potenzial der Win-win-Maßnahmen

Auch bei geringer Bedeutung kann sich die Marktführerschaft lohnen

in den Unternehmen laut eigenen Aussagen bislang nur unzureichend ausgeschöpft ist.

Unternehmen sind einem komplexen externen Umfeld sowie internen Akteuren und Kontextfaktoren ausgesetzt, die verschiedene Anforderungen an die Unternehmen bezüglich der Umsetzung von Nachhaltigkeit stellen. Das externe Umfeld setzt sich insbesondere aus Kunden, Kapitalgebern und Ratingagenturen, Regulierungsbehörden und Politik, NGOs und den Megatrends der Nachhaltigkeit zusammen. Wichtige interne Akteure und Kontextfaktoren sind der CEO und der Vorstand, die Mitarbeiter, die Unternehmenskultur und Nachhaltigkeitsskandale. Aus dem Druck des externen Umfelds lassen sich die objektiven Anforderungen an die Unternehmen einer Branche ableiten. Der Druck auf die Unternehmen äußert sich dabei in der Bedeutung von Nachhaltigkeit für das Marktpotenzial einerseits und für die Leistungserstellung andererseits. Auf Basis dieser Erkenntnis haben wir eine Matrix erstellt, aus der sich Handlungsempfehlungen für die Unternehmen einer Branche ableiten lassen. Die Matrix dient damit als Grundlage für Empfehlungen für die Ausgestaltung der Nachhaltigkeitsstrategie, die Verankerung von Nachhaltigkeit in der Unternehmenskultur und die Integration in die Steuerungslogik.

In einigen Unternehmen lässt sich eine Abweichung zwischen dem Stellenwert, welcher der Thematik intern beigemessen wird, und der Bedeutung von Nachhaltigkeit feststellen. Die Abweichung resultiert aus dem Einfluss der internen Akteure und Kontextfaktoren. Wird Nachhaltigkeit intern stärker umgesetzt, als dies aufgrund des externen Umfelds zu erwarten wäre, kann durch die damit einhergehende Positionierung als Marktführer beim Thema Nachhaltigkeit eventuell ein positiver Beitrag zum Unternehmenserfolg realisiert werden. Fällt der interne Stellenwert dagegen geringer aus als die Bedeutung, birgt dies auf Dauer Risiken für das Unternehmen.

3 Nachhaltigkeitsstrategie

Ist die grundsätzliche Bedeutung einer nachhaltigen Unternehmensführung klar herausgearbeitet, ist im nächsten Schritt eine passende Nachhaltigkeitsstrategie zu formulieren. Diese bildet den Bezugspunkt für die systematische Umsetzung von Nachhaltigkeit in einem Unternehmen. Für die Festlegung der Nachhaltigkeitsstrategie bedarf es zunächst einer genaueren Analyse der Bedeutung von Nachhaltigkeit auf Marktpotenzial- und Leistungserstellungsseite. Anschließend können die erzielten Analyseergebnisse zur Festlegung der langfristigen Ausrichtung des Unternehmens in Bezug auf Nachhaltigkeit genutzt werden. Dabei ist die strategische Ausrichtung bezüglich Nachhaltigkeit mit der allgemeinen Geschäftsstrategie abzustimmen. Diese drei Schritte wollen wir im Folgenden näher erläutern.

Durchführung einer strategischen Analyse

Wie wir bereits im vorherigen Kapitel dargestellt haben, kann das Thema Nachhaltigkeit sowohl für das Marktpotenzial als auch für die Leistungserstellung eines Unternehmens von Bedeutung sein. Folglich sind im Rahmen der strategischen Analyse beide Aspekte zu berücksichtigen, um die relevanten Themenfelder und die Intensität der Betroffenheit des Unternehmens zu identifizieren.

Analyse des Marktpotenzials

Wettbewerbs- und Marktanalysen sind traditionelle Instrumente, um das Marktpotenzial eines Unternehmens zu analysieren. Daneben verwenden Unternehmen auch speziell für das Thema Nachhaltigkeit entwickelte Instrumente. Diese dienen dazu, den ökologischen, sozialen und ökonomischen Einfluss von Produkten auf ihre Umwelt zu messen. Die grundlegende Idee dieser Instrumente ist die Betrachtung der verschiedenen Produktlebenszyklusphasen von der Produkterzeugung über die Produktnutzung bis zur Produktentsorgung. Die Belastungen wie auch die positiven Einflüsse werden für jede Stufe des Produktlebenszyklus festgehalten. Durch die Betrachtung der Produkterzeugung fließen auch Ergebnisse aus der strategischen Analyse der Leistungserstellung (siehe nächster Abschnitt) in die Analyse des Marktpotenzials mit ein. Ein Beispiel für ein speziell für das Thema Nachhaltigkeit entwickeltes Instrument, das die Wirkung von Produkten analysiert, ist der Sustainability Check von Bayer (siehe Unternehmensbeispiel Sustainability Check bei der Bayer AG).

Unternehmen verwenden spezielle Instrumente für die Analyse der ökologischen, sozialen und ökonomischen Auswirkungen ihrer Produkte

Unternehmensbeispiel: Sustainability Check bei der Bayer AG

Bayer AG und Z_punkt GmbH

Die Bayer AG ist ein weltweit tätiges Unternehmen mit Kernkompetenzen auf den Gebieten Gesundheit, Ernährung und hochwertige Materialien. Die Bayer-Gruppe zählt weltweit circa 111 400 Mitarbeiterinnen und Mitarbeiter. Im Jahr 2010 wurde ein Umsatz von 35,1 Milliarden EUR erzielt. Der Bayer-Konzern wird von einer Management-Holding geführt, unter deren strategischer Leitung drei Teilkonzerne und spezialisierte Servicegesellschaften eigenständig arbeiten. Das operative Geschäft des Bayer-Konzerns obliegt den Teilkonzernen: Die Bayer HealthCare AG erforscht, entwickelt, produziert und vertreibt Produkte, die der Vorsorge und der Behandlung von Krankheiten dienen. Zu den führenden Anbietern in den Bereichen Insektizide, Fungizide, Herbizide und Saatgutbehandlung gehört die Bayer CropScience AG. Die Bayer MaterialScience AG ist ein führender Hersteller von hochwertigen Werkstoffen und innovativen Systemlösungen, die in zahlreichen Produkten des täglichen Lebens Anwendung finden.

Die Z_punkt GmbH ist ein Beratungsunternehmen für strategische Zukunftsfragen mit besonderer Expertise im Bereich Corporate Foresight, das heißt der Übersetzung von Trend- und Zukunftsforschung in die Praxis des strategischen Managements. Mit einer 360-Grad-Perspektive untersucht Z_punkt systematisch Megatrends und Emerging Issues auf ihre Bedeutung für einzelne Branchen und Unternehmen. Auf Basis von Szenarien werden zukunftsrobuste Strategien entwickelt. Trends dienen der Identifikation neuer Geschäftsfelder sowie der Entwicklung von Produktinnovationen. Mit Modellierungsverfahren werden Investitionsoptionen bewertet und Nachhaltigkeitseffekte bestimmt. Z_punkt vereint unterschiedlichste wissenschaftliche Hintergründe und Branchenkompetenzen (vor allem Mobilität, Chemie, Energie, IT).

Autoren

Herr Dr. Joachim Genz ist Vice President des Corporate Center, Environment & Sustainability der Bayer AG.

Holger Glockner ist Mitglied der Geschäftsleitung der Z_punkt GmbH. Als Director Foresight Consulting verantwortet er mittel- bis langfristig orientierte Innovations- und Strategieprozesse für Unternehmen zur Erschließung nachhaltiger Zukunftsmärkte.

Kai Jannek ist Senior Foresight Consultant bei der Z_punkt GmbH und berät deutsche und europäische Unternehmen in Strategie-, Innovations- und Nachhaltigkeitsprojekten.

Instrument des Sustainability Checks

Mit dem Sustainability Check steht der Bayer AG ein Instrument zur Verfügung, das sowohl die ökonomischen als auch die ökologischen und sozialen Effekte eines Produktes über den gesamten Lebenszyklus bewerten kann. Die Besonderheit dieses innovativen Tools liegt darin, dass es nicht nur die negativen Nachhaltigkeitseffekte zum Beispiel aus den Fertigungsprozessen evaluiert, sondern auch die positiven Wirkungen, die zumeist aus der Produktnutzung herrühren. Diese ganzheitliche Sichtweise war der Bayer AG vor dem Hintergrund sich verschärfender globaler Herausforderungen – wie Bevölkerungswachstum, Klimawandel oder Ressourcenverknappung – ein besonderes Anliegen bei der Konzeption des Sustainability Checks. Bayer hat den Sustainability Check zusammen mit Z_punkt The Foresight Company, einem renommierten Zukunftsforschungsinstitut, entwickelt und vom international anerkannten Wuppertal Institut für Klima, Umwelt, Energie prüfen und zertifizieren lassen.

Je nach Zielsetzung greift der Sustainability Check auf eine angepasste Auswahl an Key Sustainability Indicators oder ein breiteres Set von bis zu 30 Nachhaltigkeitsparametern zurück. Das gesamte Indikatorenset wird regelmäßig aktualisiert. Es resultiert aus einer systematischen Zukunftsanalyse und der Identifikation der bedeutendsten Nachhaltigkeitsherausforderungen für Bayer. Jeder Indikator ist mit einer Methodologie hinterlegt, um qualitativ und quantitativ zu bewerten, wie der Parameter durch ein Produkt über den gesamten Lebenszyklus beeinflusst wird. Bei der Quantifizierung wird Bayer-internes Wissen aus etablierten Systemen und über Fragebögen erhoben und mit den Daten in öffentlich verfügbaren Datenbanken von Umweltbundesamt, Weltbank, Weltgesundheitsorganisation, FAO (der Ernährungs- und Landwirtschaftsorganisation der Vereinten Nationen) und anderen Institutionen verknüpft. Auf diese Art und Weise können zum Beispiel Standortfaktoren berücksichtigt werden, denn Wasserverbräuche in wasserarmen Gegenden, Emissionen in der Nähe von Biodiversity Hotspots und Wertschöpfung in armutsgefährdeten Ländern wirken sich anders aus als zum Beispiel in Deutschland.

Auch die Parametrisierung ist eine der großen Stärken des Sustainability Checks. So können einzelne Effekte an verschiedenen Stellen in der Wertschöpfungskette zu einer Gesamtwirkung aggregiert werden. Über die verschiedenen Nachhaltigkeitsindikatoren hinweg werden die Effekte dagegen nicht zusammengefasst; schließlich betreffen Treibhausgasemissionen andere Stakeholder als eingesparte Abfälle oder reduzierte Gesundheitsbelastungen.

Im Ergebnis kann die Analyse beispielsweise zeigen, wie viel mehr Ressourcen ein Dämmstoff in der Nutzung einspart, als für seine Herstellung eingesetzt werden, in welchem Umfang Nahrungsmittel durch ein Pestizid gesichert werden oder wie viele unsichere Abtreibungen durch ein Verhütungsmittel verhindert werden. Das Tool kann bei Arzneimitteln aufzeigen, um wie viel größer deren Gesundheitsbeiträge sind gegenüber den Gesundheitsbelastungen aus Produktionsprozessen und Nebenwirkungen.

> Mittlerweile wurde der Sustainability Check in allen Bayer-Teilkonzernen zur Anwendung gebracht. Die ersten Analysen dienten dazu, grundsätzlich erwartete Nachhaltigkeitseffekte etablierter Produkte genau zu quantifizieren und für den Kunden- und Stakeholder-Dialog nutzbar zu machen. Innovationsvorhaben und Investitionsalternativen könnten mit dem Sustainability Check ebenso analysiert und bewertet werden wie einzelne Produkte oder Produktgruppen. So hat sich das Tool in kürzester Zeit von einem reinen Kommunikations- zu einem echten Steuerungsinstrument weiterentwickelt.

Auch für die Analyse der Auswirkungen der Leistungserstellung werden spezielle Instrumente verwendet

Sind die Auswirkungen der Produkte auf die Umwelt analysiert, geht es im nächsten Schritt um die Identifikation von Maßnahmen. Diese sollen die negativen Auswirkungen der Produkte – also mögliche Marktrisiken für das Unternehmen – reduzieren oder die positiven Auswirkungen – mögliche Marktchancen durch eine Differenzierung von Wettbewerbern – nutzen beziehungsweise verstärken. Die Maßnahmen können darin bestehen, neue Produkte zu entwickeln oder alte Produkte weiterzuentwickeln (siehe ausführlich Kapitel 2 zur Bedeutung von Nachhaltigkeit). Ein Beispiel für ein neues Produkt ist der elektronische Briefversand, der als Alternative zum traditionellen Briefversand die beim Transport entstehenden CO_2-Emissionen vermeidet. Waschmittel, die bei niedrigeren Temperaturen als herkömmliche Waschmittel die gleiche Reinigungsleistung bringen, sind ein Beispiel für die Reduktion der negativen Umweltauswirkungen bereits bestehender Produkte. Zusätzlich sind im Rahmen der strategischen Analyse die Aufwendungen und Erträge für die identifizierten Maßnahmen zu schätzen. Diese Anforderung leitet sich direkt aus dem ökonomischen Triple-Bottom-Line-Ansatz ab, nach dem alle sozialen und ökologischen Maßnahmen einen ökonomischen Nutzen generieren sollen. Die Ergebnisse dieser strategischen Analyse aufseiten des Marktpotenzials können anschließend bei der Festlegung der Nachhaltigkeitsstrategie genutzt werden.

Analyse der Leistungserstellung

Die Zielsetzung der strategischen Analyse aufseiten der Leistungserstellung besteht darin, zum einen die Einflüsse der eigenen Produktion und zum anderen die auf den vor- und nachgelagerten Wertschöpfungsstufen entstehenden Einflüsse in Bezug auf die drei Nachhaltigkeitsdimensionen Ökonomie, Soziales und Ökologie zu untersuchen. Neben traditionellen Instrumenten, wie zum Beispiel dem Benchmarking oder der Risikoanalyse, werden auch hier spezielle Nachhaltigkeitsinstrumente verwendet. Ein Beispiel für ein ökologisches Analyseinstrument ist der Company Carbon Footprint. Dieser stellt die wesentlichen CO_2-Emissionsquellen mit der entsprechenden Höhe der Umweltbelastung in Tonnen CO_2 eines Unternehmens dar und wird von vielen Unternehmen im Rahmen der Nachhaltigkeitsberichterstattung veröffentlicht. Die Emissionsquellen und die Emissionshöhe sind dabei stark branchenabhängig (siehe ausführlich Kapitel 2 zu den Me-

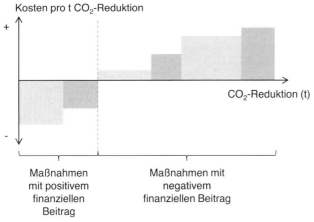

Abbildung 8: Carbon Cost Abatement Curve in Anlehnung an McKinsey 2010

gatrends). Beispiele für Emissionsquellen sind Produktionsanlagen, die Firmenwagenflotte oder der Stromverbrauch von Rechenzentren. Dabei ist zusätzlich zu beachten, dass ein Unternehmen neben den eigens verursachten Emissionen, die im Company Carbon Footprint abgebildet sind, indirekt an der Verursachung großer Emissionsmengen in der vorgelagerten Wertschöpfungskette, zum Beispiel bei Lieferanten oder Subunternehmern in der Logistikbranche, oder in der nachgelagerten Wertschöpfungskette, zum Beispiel während der Nutzung von Waschmitteln, beteiligt sein kann. Auf die Erfassung von Emissionen wird in diesem Band nicht weiter eingegangen. Weiterführende Informationen über die Emissionserfassung können jedoch dem anerkannten Greenhouse Gas (GHG) Protocol, dem Standard für die Emissionserfassung und -berichterstattung, entnommen werden.

Nachdem die wesentlichen Einflussfaktoren in der Leistungserstellung bekannt sind, sind in einem zweiten Schritt wiederum Maßnahmen zu identifizieren, die die negativen Einflüsse des Unternehmens auf die Umwelt reduzieren oder positive Einflüsse verstärken. Beim Company Carbon Footprint sind zum Beispiel, im Anschluss an die Identifikation wichtiger Emissionsquellen, Maßnahmen zur Emissionsreduktion zu planen und monetär zu bewerten. Solche Maßnahmen können etwa im Einkauf von Ökostrom, im Wechsel des Verkehrsmittels für Mitarbeiterreisen vom Flugzeug zur Bahn oder in der Verwendung umwelt- und ressourcenschonender Informations- und Kommunikationstechnologie (Green IT) bestehen. Die entsprechenden Maßnahmen und ihre Kosten beziehungsweise Erlöse können durch die Carbon Cost Abatement Curve (siehe Abbildung 8) dargestellt werden.

Bei der Cost Abatement Curve werden auf der x-Achse die verschiedenen Maßnahmen und die mit ihnen erzielten Emissionsreduktionen in Tonnen als

Die Carbon Cost Abatement Curve stellt Maßnahmen zur Emissionsreduktion und die damit verbundenen Kosten beziehungsweise Erträge dar

Balken aufgetragen. Die mit den entsprechenden Maßnahmen verbundenen finanziellen Kosten beziehungsweise Ersparnisse sind der y-Achse zu entnehmen. Ein positiver finanzieller Beitrag durch eine Maßnahme entsteht beispielsweise, wenn bei einem Logistikunternehmen durch eine Routenoptimierung Treibstoffkosten und damit CO_2-Emissionen eingespart werden. Weitere Maßnahmen zur Reduktion des Company Carbon Footprints sind zum Beispiel der Einbau von Filtern in Produktionsanlagen oder der Einkauf von Ökostrom. Der bezogene Strom aus herkömmlichen Energiequellen ist in Unternehmen häufig für einen Großteil des Company Carbon Footprint verantwortlich, während Ökostrom aus regenerativen Energiequellen emissionsfrei ist. Letztgenannte Maßnahmen sind jedoch mit einem negativen finanziellen Beitrag verbunden, da die Reduktion des Emissionsvolumens bei diesen Maßnahmen mit Kosten einhergeht.

Auf Basis der bewerteten Maßnahmen zur Verbesserung der Umweltfreundlichkeit in der Leistungserstellung eines Unternehmens lässt sich eine Priorisierung vornehmen. Die dabei entstehende Liste von Maßnahmen kann anschließend sukzessive abgearbeitet werden. Sie ist auch Basis der Entwicklung einer Nachhaltigkeitsstrategie.

Abschließend zeigt der folgende Exkurs (siehe Exkurs Controllinginstrumente) weitere Controllinginstrumente auf, die speziell für das Thema Nachhaltigkeit entwickelt wurden. Diese dienen der Analyse sowohl auf Marktpotenzial- als auch auf Leistungserstellungsseite. Es handelt sich dabei nicht um eine vollständige Liste, sondern lediglich um eine Auswahl möglicher interessanter Instrumente.

Exkurs: Controllinginstrumente

In der Literatur werden viele weitere Instrumente zur Entwicklung einer Nachhaltigkeitsstrategie genannt (vergleiche Schaltegger et al. 2007). Die Instrumente berücksichtigen die Auswirkungen der eigenen Produkte und der Leistungserstellung in Bezug auf Nachhaltigkeit. Zu diesen Instrumenten zählen unter anderem die:

ABC-Analyse

Bei der ABC-Analyse werden die Produkte und die Prozesse auf Leistungserstellungsseite anhand unterschiedlicher ökologischer, sozialer und ökonomischer Nachhaltigkeitsthemen analysiert. Dabei wird für die Produkte und Prozesse hinsichtlich verschiedener Nachhaltigkeitsthemen eine Einteilung in drei Klassen (A bis C) vorgenommen. Die Klasse A steht dabei für einen dringenden Handlungsbedarf bei dem jeweiligen Produkt oder Prozess bezüglich des entsprechenden Nachhaltigkeitsthemas, während die Klasse C für einen vergleichsweise geringen Handlungsbedarf steht. Die Ergebnisse der ABC-Analyse zeigen somit Schwachstellen beziehungsweise Stärken auf und können dazu genutzt werden, vorhandene Ressourcen auf die Themen zu konzentrieren, die für das Unternehmen am wichtigsten sind.

Öko-Effizienz-Matrix

Bei der Öko-Effizienz-Analyse wird die ökologische »Schadschöpfung« der ökonomischen Wertschöpfung gegenübergestellt. Dazu bedarf es zunächst der Erfassung der ökologischen Wirkung der Produkte und der Leistungserstellung. Zusätzlich wird die ökonomische Dimension erfasst, zum Beispiel mittels traditioneller Kennzahlen wie dem Return on Investment. Im Anschluss werden die ökonomischen den ökologischen Auswirkungen in der Öko-Effizienz-Matrix gegenübergestellt. Der Nutzen der Öko-Effizienz-Matrix liegt darin, dass sie es ermöglicht, das Produktportfolio und die Leistungserstellung neben ökonomischen auch nach ökologischen Gesichtspunkten auszurichten und zu optimieren, indem Trade-Offs und Synergien zwischen den beiden Dimensionen veranschaulicht werden.

Nachhaltigkeits Balanced Scorecard

Die Nachhaltigkeits Balanced Scorecard ist ein kennzahlenbasiertes Managementinstrument. Sie integriert in Anlehnung an die Balanced Scorecard von Kaplan und Norton nachhaltige Aspekte in das strategische Management. Dazu müssen erfolgsrelevante Nachhaltigkeitsaspekte identifiziert und daraufhin untersucht werden, über welche Kausalzusammenhänge diese Aspekte den Unternehmenserfolg beeinflussen. Im Anschluss können die relevanten Umwelt- und Sozialkennzahlen in die herkömmlichen vier Perspektiven der Balanced Scorecard einfließen. Alternativ lässt sich die konventionelle Balanced Scorecard auch um eine zusätzliche »Nachhaltigkeitsperspektive« erweitern oder es wird eine separate Balanced Scorecard verwendet.

Ausführlichere Informationen zu Nachhaltigkeitsinstrumenten, die einer strategischen Analyse oder zur Umsetzung der Nachhaltigkeitsstrategie dienen, können in Schaltegger et al. 2007 oder Roth 2008 nachgelesen werden.

Festlegung der Nachhaltigkeitsstrategie

Die zentrale Herausforderung bei der Festlegung der Nachhaltigkeitsstrategie ist die Konkretisierung des ökonomischen Triple-Bottom-Line-Ansatzes, den wir anfangs als abstrakte Handlungsmaxime der Unternehmen in Bezug auf Nachhaltigkeit vorgestellt haben. Seine Konkretisierung erfolgt durch das Festlegen von unternehmensspezifischen Nachhaltigkeitsschwerpunkten, welche in Unternehmen häufig als *Fokusfelder* bezeichnet werden, sowie der Intensität, mit der den Fokusfeldern nachgegangen wird. Dabei wird die Intensität durch die Wahl der strategischen Positionierung eines Unternehmens im Vergleich zu seinen Wettbewerbern und die Höhe der Nachhaltigkeitsziele bestimmt. Im Folgenden wollen wir diese drei Elemente zur Konkretisierung einer Nachhaltigkeitsstrategie – Fokusfelder, strategische Positionierung und Zielhöhe – näher vorstellen.

Definition von Fokusfeldern

Die strategische Analyse wird zumeist eine Vielzahl von sozialen und ökologischen Maßnahmen mit einem positiven Beitrag zum Unternehmensergebnis identifizieren. Zusätzlich kann aus Grün-

Fokusfelder stellen die Schwerpunkte der Maßnahmen zum Thema Nachhaltigkeit eines Unternehmens dar

den des öffentlichen Drucks und entsprechender Reputationsrisiken auch die Durchführung von Maßnahmen mit einem negativen finanziellen Beitrag notwendig sein. Aufgrund der begrenzten Ressourcen eines Unternehmens lassen sich aber zumeist nicht alle diese Maßnahmen gleichzeitig durchführen. Daher besteht die Notwendigkeit, eine Auswahl vorzunehmen. Hierzu definieren Unternehmen häufig Fokusfelder, welche die inhaltlichen Schwerpunkte der Nachhaltigkeitsstrategie bilden.

Mit der Definition von Fokusfeldern gehen Vorteile einher, die sich unternehmensintern und unternehmensextern äußern. Unternehmensintern leistet die Definition von Fokusfeldern eine Abgrenzung und Strukturierung der Nachhaltigkeitsthemen und -maßnahmen. Abgrenzung bedeutet, dass klar definiert wird, welche Nachhaltigkeitsthemen für das Unternehmen wichtig sind, und dass nur solche Maßnahmen umgesetzt werden, die tatsächlich einen Beitrag hierzu leisten. Die Strukturierung dient dazu, die relevanten Themen klar zu gliedern. So könnte beispielsweise das Thema Umwelt in Unterthemen, wie Emissionsausstoß oder Abwasservermeidung, unterteilt werden, die sich unternehmensintern einfach kommunizieren lassen. Zudem kann der Unternehmensbeitrag zum Thema Nachhaltigkeit durch die Fokussierung besser in der Öffentlichkeit kommuniziert werden und es kann ein spezielles Nachhaltigkeitsprofil des Unternehmens geschaffen werden. Ferner kann ein Unternehmen durch die Konzentration auf Fokusfelder ein nicht-stattfindendes Engagement in wenig relevanten Themenfeldern begründen. Ein Beispiel für die Definition von Fokusfeldern liefert in diesem AC-Band Deutsche Post DHL (siehe Unternehmensbeispiel Fokusfelder bei Deutsche Post DHL).

Unternehmensbeispiel: Fokusfelder bei Deutsche Post DHL

Deutsche Post DHL

Die Deutsche Post DHL ist mit einem Umsatz von mehr als 51 Mrd. Euro in 2010 der weltweit führende Post- und Logistik-Konzern. Die Konzernmarken Deutsche Post und DHL stehen für ein einzigartiges Portfolio rund um Logistik (DHL) und Kommunikation (Deutsche Post). Die Gruppe bietet ihren Kunden sowohl einfach zu handhabende Standardprodukte als auch maßgeschneiderte, innovative Lösungen – vom Dialogmarketing bis zur industriellen Versorgungskette. Dabei bilden circa 470.000 Mitarbeiter in mehr als 220 Ländern ein globales Netzwerk, das auf Service, Qualität und Nachhaltigkeit ausgerichtet ist. Mit seinen Programmen in den Bereichen Umweltschutz, Katastrophenmanagement und Bildungsförderung übernimmt der Konzern gesellschaftliche Verantwortung.

Autor

Dr. Klaus Hufschlag ist Senior-Experte im Carbon Accounting & Controlling Programm von Deutsche Post DHL. Er hat maßgeblich am Aufbau des konzernweiten Carbon-Accountings mitgewirkt, begleitet dessen weiteren Ausbau und koordiniert die konzeptionelle Weiterentwicklung des Carbon Controllings. In seiner Promotion an der Wissenschaftlichen Hochschule für Unternehmensführung (WHU) in Vallendar hat er sich intensiv mit der Gestaltung von Strukturen und Systemen zur Informationsversorgung im Unternehmen befasst.

Fokusfelder

Als global tätiges Unternehmen sieht sich Deutsche Post DHL in der Verantwortung, die Welt nachhaltig zu verändern. Der Konzern nutzt deshalb sein Know-how und seine globale Präsenz, um einen positiven Beitrag für Gesellschaft und Umwelt zu leisten. Unter dem Motto »Living Responsibility« stehen dabei die drei Programme GoGreen, GoHelp und GoTeach im Fokus; darüber hinaus unterstützt der Konzern das gesellschaftliche Engagement der Mitarbeiter in konzernweiten und lokalen Projekten.

GoGreen: Umweltschutz

GoGreen ist das konzernweite Umweltschutzprogramm von Deutsche Post DHL. Das Hauptanliegen des Programms besteht darin, die CO_2-Effizienz des Konzerns und seiner Subunternehmer zu optimieren. Hierzu gehört zum Beispiel der Test und Einsatz alternativer Antriebstechnologien und erneuerbarer Energien. Darüber hinaus unterstützt GoGreen durch das Angebot grüner Lösungen die Kunden des Konzerns bei der Reduzierung ihrer CO_2-Emissionen.

Mit dem GoGreen-Programm hat der Konzern sich das ambitionierte Ziel gesetzt, die CO_2-Effizienz seiner eigenen Aktivitäten und der Aktivitäten der Subunternehmer bis zum Jahr 2020 im Vergleich zu 2007 um 30 Prozent zu verbessern. Das bedeutet, die CO_2-Emissionen für jeden versandten Brief, jedes verschickte Paket, jede transportierte Tonne Fracht und jeden genutzten Quadratmeter Lagerfläche zu reduzieren. Als erstes Zwischenziel wird angestrebt, die CO_2-Effizienz der eigenen Aktivitäten bis zum Jahr 2012 gegenüber 2007 um 10 Prozent zu verbessern; ein Zielniveau, welches im Jahr 2010 bereits erfolgreich erreicht worden ist.

GoHelp: Katastrophenmanagement

Unter dem Stichwort GoHelp leistet Deutsche Post DHL in Partnerschaft mit den Vereinten Nationen Hilfe im Katastrophenfall. Die weltweite Präsenz des Konzerns, sein Logistiknetzwerk und seine Erfahrung in internationalen Hilfseinsätzen sind beste Voraussetzungen, um Menschen zu helfen, die von Naturkatastrophen betroffen sind. Dies geschieht durch logistische Unterstützung bei Naturkatastrophen, aber auch bereits durch Katastrophenvorsorge.

So stellt das Unternehmen kostenlos Katastropheneinsatzteams (Disaster Response Teams) zur logistischen Unterstützung an Flughäfen bereit. Im Fall von Naturkatastrophen übernehmen diese Teams den Umschlag von Hilfsgütern mit der Zielsetzung, Engpässe und Zeitverzögerungen an den betroffenen Flughäfen zu verhindern.

Zusammen mit dem Entwicklungsprogramm der Vereinten Nationen unterstützt die Deutsche Post DHL darüber hinaus Verantwortliche vor Ort, Vorsorge für Katastrophenfälle zu treffen. Beispielsweise bereitet das Programm Get Airports Ready for Disaster (GARD) Flughäfen auf Notfalleinsätze vor.

Unter dem Motto »We Help Each Other« unterstützen die Mitarbeiter des Konzerns außerdem den Wiederaufbau nach Katastrophen; hinzu kommen zahlreiche lokale Projekte in den Bereichen Katastrophenhilfe und Wiederaufbau.

GoTeach: Bildungsförderung

Als einer der größten Arbeitgeber weltweit, engagiert sich Deutsche Post DHL mit dem Programm GoTeach für bessere Bildung und gerechte Bildungschancen – im Interesse unserer Kinder sowie der eigenen Zukunft als führender Logistikdienstleister. Das Unternehmen ermutigt und entwickelt Initiativen, die Menschen in ihrem Bildungsprozess unterstützen und ihre persönlichen Kompetenzen erweitern.

In Partnerschaft mit Teach First Deutschland und Teach For All verfolgt der Konzern das Ziel, zu mehr Chancengerechtigkeit in der Bildung beizutragen. Bei Teach First helfen herausragende Hochschulabsolventen jungen Menschen mit weniger guten Startchancen, durch ein 2-jähriges Fellowship-Programm, ihre Aussichten zu verbessern.

Zur Stärkung der Berufschancen von Jugendlichen existieren zudem Partnerschaften mit einzelnen Länderorganisationen der SOS-Kinderdörfer, die durch freiwilliges Engagement der Mitarbeiter unterstützt werden. Schließlich werden mit dem UPstairs-Stipendiatenprogramm Kinder von Mitarbeitern gefördert: Durch die Übernahme von Schul- beziehungsweise Studiengebühren sowie durch individuelle Förderung, zum Beispiel durch Mentoring, Sprach- oder IT-Kurse oder Praktika im Konzern soll diesen Kindern ein höherer Schul- oder Studienabschluss ermöglicht werden.

(Quelle: GoGreen-Programm, Zentralbereich Politik und Unternehmensverantwortung)

Fokusfelder sollten anhand ihrer Bedeutung für das Marktpotenzial und die Leistungserstellung ausgewählt werden

Die Ableitung der Fokusfelder eines Unternehmens sollte abhängig von der Bedeutung von Nachhaltigkeit und ihrer hauptsächlichen Begründung erfolgen (siehe Abbildung 9). Bei Unternehmen, für die Nachhaltigkeit eine hohe Bedeutung aufseiten des Marktpotenzials hat, sollten die Fokusfelder produktseitige Themen adressieren. Beispielsweise bietet es sich für Automobilhersteller an, deren Fahrzeuge vor allem während der Nutzungsphase CO_2-Emissionen verursachen, Fokusfelder wie den Klimaschutz oder die Treibstoffeffizienz zu wählen. Somit kann unternehmensintern die Aufmerksamkeit der Belegschaft auf das in diesem Bereich entstehende beziehungsweise vorhandene Marktpotenzial gerichtet werden. Zudem kann unternehmensextern eine gezielte Kommunikation gegenüber den Kunden erfolgen, die das Unternehmen als Produzenten besonders treibstoffeffizienter Fahrzeuge positioniert.

Analoges gilt, wenn Nachhaltigkeit von hoher Bedeutung für die Leistungserstellung ist. Unternehmen, die in der eigenen Produktion einen großen Ausstoß an CO_2-Emissionen verursachen, sind zum Beispiel Logistikdienstleister oder Energieerzeuger. Für diese bietet es sich wie für Automobilhersteller an, Fokusfelder wie den Klimaschutz zu definieren. Unternehmen, die sich im Quadranten rechts oben in Abbildung 9 befinden, sollten aufgrund der hohen Bedeutung von Nachhaltigkeit ein Portfolio von Fokusfeldern wählen, das die Produkte und die Leistungserstellung zugleich abdeckt. Bei einer geringen Bedeutung von Nachhaltigkeit für das Marktpotenzial und die Leistungserstellung schließlich ist die Definition von Fokusfeldern nicht zwingend erforderlich. Dennoch kann die Definition von Fokusfeldern für Unternehmen, welche sich in diesem Feld befinden, aufgrund der unternehmensexternen Öffentlichkeitswirkung durchaus sinnvoll sein.

Unsere empirische Untersuchung hat gezeigt, dass die Unternehmen ihre inhaltlichen Themenfelder als ein Element der Nachhaltigkeitsstrategie tatsächlich gemäß der jeweiligen Bedeutung von Nachhaltigkeit ableiten. Gehen wir die unterschiedlichen Felder der Matrix kurz durch.

Wenn die Bedeutung von Nachhaltigkeit hoch ist, werden Fokusfelder ausgewählt, die wichtige Themen adressieren

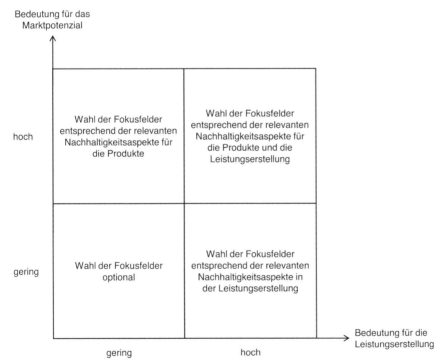

Abbildung 9: Wahl der Fokusfelder in Abhängigkeit der Bedeutung von Nachhaltigkeit für das Marktpotenzial und die Leistungserstellung

Bei einer geringen Bedeutung von Nachhaltigkeit sind die Fokusfelder an die Themenfelder der Standards der Nachhaltigkeitsberichterstattung angelehnt

Unternehmen, für die Nachhaltigkeit eine hohe Bedeutung für das Marktpotenzial und eine geringe Bedeutung für die Leistungserstellung hat, wählen Fokusfelder, die wichtig sind, um das Marktpotenzial zu realisieren. Zum Beispiel definiert ein Unternehmen aus der ICT-Branche, das mit seinen Produkten einen Beitrag zur Reduktion des Emissionsausstoßes anderer Unternehmen leisten kann, ein Fokusfeld zum Thema Emissionsreduktion. Dabei stellt es den positiven Beitrag, den seine Produkte für Geschäftskunden zur Emissionsreduktion bei diesen leisten können, in den Mittelpunkt. In diesem Unternehmen werden zusätzliche Maßnahmen auf Leistungserstellungsseite, wie zum Beispiel die Einführung einer CO_2-Obergrenze für Firmenwagen, definiert, die zur Reduktion des eigenen Emissionsausstoßes beitragen. Begründet werden letztere Maßnahmen trotz des geringen Potenzials in der Leistungserstellung des Unternehmens damit, dass das Unternehmen gegenüber seinen Kunden eine Vorbildfunktion einnehmen müsse, um seine Produkte glaubwürdig verkaufen zu können.

»Die Vermarktung umweltfreundlicher Technologien erfordert, dass man diese selbst nutzt, um glaubwürdig zu sein.« (Nachhaltigkeitsverantwortlicher)

Unternehmen, bei denen Nachhaltigkeit eine hohe Bedeutung für die Leistungserstellung und eine geringe Bedeutung für das Marktpotenzial besitzt, richten ihre Fokusfelder vor allem auf die eigene Leistungserstellung hin aus. Diese Beobachtung wird auch am Beispiel von zwei der drei Fokusfelder bei Deutsche Post DHL deutlich. Deutsche Post DHL ist zusammen mit den für sie arbeitenden Subunternehmen für den Ausstoß großer Emissionsmengen verantwortlich. Durch eine Verschärfung des Emissionshandels könnten für Deutsche Post DHL dadurch erhebliche Kosten entstehen. Dieses Risiko aufseiten der Leistungserstellung wird durch das Fokusfeld »GoGreen« adressiert, das eine Fokussierung auf eine energieeffiziente Gestaltung der Logistikdienstleistungen zum Ziel hat. Zusätzlich betont das Fokusfeld »GoHelp« den positiven Beitrag, den das Unternehmen durch seine Leistungserstellung in der sozialen Nachhaltigkeitsdimension leisten kann.

Unternehmen mit einer hohen Bedeutung von Nachhaltigkeit sowohl für das Marktpotenzial als auch für die Leistungserstellung legen Fokusfelder fest, die sich jeweils auf die Produkte und die Leistungserstellung des Unternehmens beziehen. So definiert beispielsweise ein Unternehmen der Chemiebranche ein entsprechendes Fokusfeld für das Thema Umwelt. Begründet wurde die Wahl diese Fokusfeldes dadurch, dass der Umwelteinfluss in beiden Bereichen groß ist und das Unternehmen bereits durch schlechte Leistungen in einem der beiden Bereiche unter Druck geraten könnte.

Die Unternehmen schließlich, in denen das Thema Nachhaltigkeit nur eine geringe Bedeutung für das Marktpotenzial und die Leistungserstellung hat, wählen ihre Fokusfelder weitgehend identisch zu den Themen, die sich als Standards für die Nachhaltigkeitsberichterstattung durchgesetzt haben. Die Themenliste des Nachhaltigkeitsreportingstandards der Global Reporting Initiative (GRI) umfasst beispielsweise die Themen: Governance, Ökonomie, Umwelt und Soziales. Der Bereich Soziales umfasst dabei unter anderem gesellschaftliches Engagement und Arbeitspraktiken. Sehr ähnlich lauten die Fokusfelder, die in den Nachhaltigkeitsberichten oder in den Interviews mit Vertretern dieser Unternehmen genannt werden.

»Das Programm umfasst ökonomische Nachhaltigkeit, Klima- und Umweltschutz, Soziales, gesellschaftliches Engagement und Corporate Governance.« (Nachhaltigkeitsverantwortlicher)

In der Untersuchung wurden mehrere Gründe dafür genannt, dass die Fokusfelder nicht weiter an die unternehmenseigenen Prozesse und Produkte angepasst werden. So wurde darauf hingewiesen, dass die Fokusfelder der Nachhaltigkeitsberichterstattungsstandards die vom Thema Nachhaltigkeit betroffenen Unternehmensprozesse bereits hinreichend gut abdecken und keine Spezifizierung notwendig ist.

»Wir orientieren uns seit 2007 am Standard der GRI und haben gesagt: ›Das ist eigentlich der sinnvolle Leitfaden für unsere Prozesse‹.« (Nachhaltigkeitsverantwortlicher)

Ein zweiter Grund für die Anlehnung der Fokusfelder an die Standards zur Berichterstattung ist eine große Relevanz des externen Reportings, weshalb man sich an legitimierten Inhalten der Standards orientiert. Darüber hinaus wurde auf die Schwierigkeit hingewiesen, den Beitrag, den das Unternehmen zur Nachhaltigkeit leisten kann, zu identifizieren. Schließlich findet sich noch ein weiterer, sehr plausibler Grund: Das Unternehmen hat bisher noch keine Nachhaltigkeitsstrategie definiert!

»Eine Strategie ist wichtiger als die reine Kommunikation. Wir sind aber noch nicht so weit.« (Controller)

»Wir haben etwas in die Leitlinien aufgenommen und auch ein Ziel gesetzt. Aber es gibt einfach noch keine Strategie. Ich glaube, wir können es stärker auf den Punkt bringen und mit Maßnahmen hinterlegen.« (Nachhaltigkeitsverantwortlicher)

Eine Konkretisierung des ökonomischen Triple-Bottom-Line-Ansatzes in Form von Fokusfeldern erfolgt somit in allen Unternehmen, die an der Studie teilgenommen haben. Bei einer hohen Bedeutung von Nachhaltigkeit zeigt sich, dass die Fokusfelder unternehmensspezifisch gemäß der jeweiligen Bedeutung von Nachhaltigkeit ausgestaltet sind. Wenn die Bedeutung von Nachhaltigkeit gering ist, sind die Fokusfelder an die Themenfelder aus Nachhaltigkeitsberichterstattungsstandards angelehnt, was auf Basis der Bedeutungsmatrix auch durchaus empfohlen werden kann.

Strategische Positionierung

Neben der Definition von Fokusfeldern wird der ökonomische Triple-Bottom-Line-Ansatz durch die Wahl der strategischen Positionierung eines Unternehmens im Vergleich zu seinen Wettbewerbern weiter konkretisiert. Dabei sind in Bezug auf Nachhaltigkeit vier strategische Positionierungen zu unterscheiden, die verschiedene Zielsetzungen verfolgen und aus denen sich unterschiedliche Aufgaben für ein Unternehmen ergeben. Die strategischen Positionierungen umfassen die Positionierung als »Vorreiter«, die Positionierung in der »Spitzengruppe«, die Positionierung im

In Bezug auf Nachhaltigkeit sind vier strategische Positionierungen zu unterscheiden

»Mittelfeld« und die Positionierung als »Schlusslicht«. Diese vier Positionierungen ähneln dabei den vier Strategien einer Studie des Internationalen Controllervereins, die sich jedoch lediglich auf die ökologische Dimension beziehen (Isensee 2011).

Die Positionierung als »Vorreiter« verfolgt die Zielsetzung, das mit dem Nachhaltigkeitsthema verbundene wirtschaftliche Potenzial möglichst vollständig abzuschöpfen. Dazu bedarf es auf Produktseite oder auf der Seite der Leistungserstellung einer klaren Differenzierung von den Wettbewerbern. Insofern sollte ein Unternehmen, das als Vorreiter gelten will, inhaltliche Standards beim Thema Nachhaltigkeit setzen und vor seinen Wettbewerbern relevante Maßnahmen bei den Produkten oder in der Leistungserstellung ergreifen.

Mit einer Positionierung in der »Spitzengruppe« wird ebenfalls angestrebt, einen wirtschaftlichen Nutzen durch Nachhaltigkeit zu generieren und Risiken zu reduzieren. Der Unterschied im Vergleich zur Positionierung als »Vorreiter« besteht in der zeitlichen Dimension. Eine Positionierung in der »Spitzengruppe« erfordert kein »trend setting«, sondern das schnelle Aufgreifen relevanter Nachhaltigkeitsmaßnahmen. Die Beobachtung der Vorreiter-Unternehmen und eine zügige Anpassung an diese Unternehmen sind bei dieser strategischen Positionierung ausreichend.

Die dritte strategische Positionierung, die Positionierung im »Mittelfeld«, unterscheidet sich insofern von den ersten beiden Positionierungen, als dass sie »nur« auf die Vermeidung einer negativen Wahrnehmung des Unternehmens in der Öffentlichkeit und nicht auf die Realisierung des vollen wirtschaftlichen Potenzials beim Thema Nachhaltigkeit ausgerichtet ist. Die wesentliche Aufgabe bei der Wahl dieser Positionierung besteht in der Identifikation und Adressierung der Nachhaltigkeitsaspekte, bei denen das Unternehmen negativ in der Öffentlichkeit wahrgenommen werden könnte, beispielsweise durch Kinderarbeit in der Lieferkette der verkauften Marken bei einem Handelsunternehmen. Ziel ist es somit, quasi unsichtbar in Bezug auf die Nachhaltigkeitsthematik zu agieren (man könnte auch von einer »Unsichtbarkeitsstrategie« sprechen).

Die vierte strategische Positionierung ist die Positionierung in der »Schlussgruppe«. Unternehmen mit dieser Positionierung verfolgen das Ziel, den Aufwand für Nachhaltigkeitsaktivitäten möglichst gering zu halten. Die Nachhaltigkeitsaktivitäten dieser Unternehmen gehen daher nicht über die Umsetzung von Mindeststandards, das heißt Compliance- und Regulierungsvorschriften, hinaus.

Welche strategische Positionierung gewählt werden sollte, ist von der Bedeutung der Nachhaltigkeitsthematik für das Unternehmen abhängig (siehe Abbildung 10). Ist diese hoch, sollte das Unternehmen eine führende Rolle in Bezug auf Nachhaltigkeit anstreben. Beispielsweise steigt die Bedeutung eines geringen CO_2-Ausstoßes bei einem PKW als Kaufkriterium der Konsumenten. Als strategische Positionierungen für einen Automobilhersteller kommen somit die »Vorreiter« Positionierung oder die Positionierung in der »Spitzengruppe« infrage. Wenn die Bedeutung

Die Wahl der strategischen Positionierung ist von der Bedeutung von Nachhaltigkeit abhängig

von Nachhaltigkeit gering ist, besteht für ein Unternehmen die Möglichkeit, jedoch nicht die Notwendigkeit, eine führende Rolle in der Branche einzunehmen. Eine strategische Positionierung in der »Schlussgruppe« beinhaltet ein großes Risikopotenzial, da Unternehmen in dieser Position schnell in die öffentliche Kritik geraten können und damit riskieren, Kunden zu verlieren. Zudem könnte der Anschluss an die Wettbewerber, zum Beispiel bei der Entwicklung umweltfreundlicher Technologien, verpasst werden. Folglich bietet es sich für Unternehmen, bei denen Nachhaltigkeit von geringer Bedeutung ist, an, mindestens eine Positionierung im »Mittelfeld« einzunehmen.

Die strategischen Positionierungen, die wir im Rahmen unserer Studie beobachten konnten, sind die Positionierung als »Vorreiter« und im »Mittelfeld«. Alle beteiligten Unternehmen, für die Nachhaltigkeit eine hohe Bedeutung besitzt, streben eine Positionierung als »Vorreiter« an. Sie versuchen aktiv, Standards und Themen (zum Beispiel Emissionsausstoß, Wasserverbrauch, Biodiversität et cetera) zu setzen, und wollen Nachhaltigkeitsmaßnahmen dazu nutzen, um sich von Wettbewerbern zu differenzieren.

»Wir wollen uns hier klar differenzieren. Wir agieren und geben teilweise selbst die Richtung vor.« (Nachhaltigkeitsverantwortlicher)

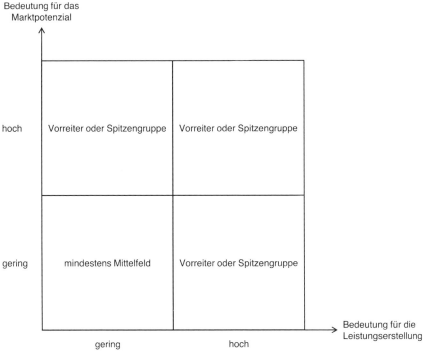

Abbildung 10: Wahl der strategischen Positionierung in Abhängigkeit der Bedeutung von Nachhaltigkeit

Die befragten Unternehmen, für die Nachhaltigkeit eine geringe Bedeutung aufweist, wählen eine Positionierung im »Mittelfeld«. Die Zielsetzung dieser Unternehmen ist dabei, möglichst nicht das öffentliche Interesse beim Thema Nachhaltigkeit auf sich zu ziehen.

»Momentan sind wir eher marketinggetrieben und wollen in der Öffentlichkeit möglichst nicht auffallen. Einer unserer Wettwerber positioniert sich jedoch sehr stark als nachhaltiges Unternehmen.« (Nachhaltigkeitsverantwortlicher)

Wir konnten auch beobachten, dass Unternehmen versuchen, von einer strategischen Positionierung in eine andere zu wechseln. Eines der Unternehmen im »Mittelfeld« hat die Absicht, in Zukunft eine strategische Positionierung in der »Spitzengruppe« zu erreichen.

»Wir versuchen uns nun an der Strategie unseres Branchenbenchmarks zu orientieren.« (Nachhaltigkeitsverantwortlicher)

Während obiges Zitat eher eine Tendenz in Richtung einer der ersten beiden Positionierungen unterstreicht, zeigt das folgende Zitat, dass eine Positionierung in der Schlussgruppe durch die Unternehmen aufgrund des damit verbundenen Risikos vermieden wird.

»Wir dürfen nicht riskieren, von den Konsumenten für die Positionierung als Schlusslicht abgestraft zu werden. Dies werden die ersten Unternehmen sein, die aus dem Markt gedrängt werden.« (Controller)

Ziele

Eine weitere Möglichkeit, die Nachhaltigkeitsstrategie zu konkretisieren, ist, neben der Wahl von Fokusfeldern und einer strategischen Positionierung, die Definition von Nachhaltigkeitszielen. Ein Blick auf die Liste der Nachhaltigkeitsindikatoren der GRI verdeutlicht, dass eine Vielzahl an unterschiedlichen Nachhaltigkeitszielen durch ein Unternehmen verfolgt werden kann. Beispielsweise sind im Rahmen der Berichterstattung anhand der Richtlinien der GRI mehr als 80 Nachhaltigkeitsindikatoren durch ein Unternehmen anzugeben. Eine Steuerung nach allen diesen Zielgrößen ist in der Praxis nicht durchführbar und würde Manager und Controller überfordern. Daher bietet sich eine Auswahl der Nachhaltigkeitsziele anhand der Fokusfelder an. Auf Marktpotenzialseite ist ein mögliches Ziel beispielsweise ein bestimmtes Umsatzvolumen mit einem nachhaltigen Produkt. Auf Leistungserstellungsseite werden häufig nicht-monetäre Ziele, wie zum Beispiel CO_2-Reduktionsziele, definiert.

Im Anschluss an die Auswahl der Nachhaltigkeitsziele entsprechend der relevanten Themenfelder ist die Zielhöhe abzuleiten. Dabei definieren die finanziell rentablen Maßnahmen (abgeleitet zum Beispiel aus der Carbon Cost Abatement Curve) und der ökonomische Triple-Bottom-Line-Ansatz die mögliche Bandbreite der Zielhöhe. Die minimale Zielhöhe ergibt sich dabei aus der Summe der Maßnahmen, die einen positiven finanziellen Beitrag erwirtschaften. In Bezug auf das Beispiel der Carbon Cost Abatement Curve sind dies die Maßnahmen, die links der gestrichelten vertikalen Linie in Abbildung 8 liegen. Diese Maßnahmen sollten von jedem Unternehmen durchgeführt werden, da sie sich positiv auf das Unternehmensergebnis auswirken. Die maximale Zielhöhe folgt aus dem ökonomischen Triple-

Die Obergrenze für die Nachhaltigkeitszielhöhe ergibt sich aus dem ökonomischen Triple-Bottom-Line-Ansatz

Bottom-Line-Ansatz. Dieser besagt, dass Unternehmen nur die Maßnahmen realisieren sollten, die einen ökonomischen Mehrwert für das Unternehmen erzeugen. Auch Maßnahmen mit einem (direkten) negativen finanziellen Beitrag können damit vorteilhaft sein, wenn sie eine Imageverbesserung oder Risikoreduktion nach sich ziehen (siehe ausführlich Kapitel 2 zur Konzeptionalisierung von Nachhaltigkeit).

Welche Zielhöhe innerhalb dieser beiden Intervallgrenzen gewählt wird, ist von der strategischen Positionierung des Unternehmens abhängig. Generell sollten mindestens – und damit unabhängig von der strategischen Positionierung – immer die Maßnahmen, die einen positiven finanziellen Beitrag haben, durchgeführt werden. Bei der Positionierung als »Vorreiter« sind zusätzlich Maßnahmen mit einem negativen finanziellen Beitrag durchzuführen, wenn sich diese zukünftig positiv auf das Image oder das Unternehmensrisiko auswirken und somit einen ökonomischen Mehrwert schaffen. Für Unternehmen, die eine strategische Positionierung in der »Spitzengruppe« verfolgen, liegt die Zielhöhe ebenfalls über dem Minimalziel, da auch in diesen Unternehmen Maßnahmen zur Imageverbesserung und Risikoreduktion durchgeführt werden. Im Unterschied zu Vorreiter-Unternehmen müssen Unternehmen der »Spitzengruppe« jedoch nicht die höchsten Nachhaltigkeitsziele setzen beziehungsweise diese Ziele erst später als Vorreiter-Unternehmen erreichen. Für Unternehmen, die sich strategisch im »Mittelfeld« positionieren, ergibt sich ebenfalls eine Zielhöhe, die über der Minimalzielhöhe liegt, da in diesen Unternehmen zusätzliche Maßnahmen, primär zur Risikoreduktion, durchgeführt werden. Bei einer Positionierung in der »Schlussgruppe« entspricht die angestrebte Zielhöhe der Minimalzielhöhe, da keine zusätzlichen Maßnahmen zur Imageverbesserung oder Risikoreduktion durchgeführt werden, um den Aufwand zu minimieren. Die Höhe der Ziele wird so definiert, dass sie den Regulierungsvorschriften oder Gesetzen entsprechen.

Verknüpfung mit der Geschäftsstrategie

An dieser Stelle ist klar, wie die Nachhaltigkeitsstrategien abgeleitet und ausgestaltet werden können. Im Folgenden wird es nun darum gehen, wie die Nachhaltigkeitsstrategien mit den Geschäftsstrategien der Unternehmen verknüpft sind. Dabei sind in Abhängigkeit der Bedeutung von Nachhaltigkeit unterschiedliche Formen der Verknüpfung der Nachhaltigkeitsstrategie mit der Geschäftsstrategie zu erwarten.

Wenn die Bedeutung von Nachhaltigkeit für ein Unternehmen hoch ist, sollte die Nachhaltigkeitsstrategie mit der Geschäftsstrategie verknüpft sein, damit ein koordiniertes Handeln sichergestellt ist und Zielkonflikte vermieden werden. Darüber hinaus kann das Thema Nachhaltigkeit auch in die Geschäftsstrategie integriert werden, das heißt, ein Element der Geschäftsstrategie sein. Bei einer geringen Bedeutung von Nachhaltigkeit ist die Festlegung einer Nachhaltigkeitsstrategie nicht zwingend erforderlich. Sofern jedoch eine Nachhaltigkeitsstrategie existiert, bietet sich eine Abstimmung dieser mit der Geschäfts-

Die Höhe von Nachhaltigkeitszielen ist von der strategischen Positionierung abhängig

Sofern eine Nachhaltigkeitsstrategie existiert, ist diese mit der Geschäftsstrategie verknüpft

strategie an, um mögliche Zielkonflikte zu vermeiden und den Mitarbeitern des Unternehmens eine klare strategische Ausrichtung vorzugeben.

Im Rahmen unserer empirischen Studie haben wir unterschiedliche Formen der Verbindung der Nachhaltigkeitsstrategie mit der Geschäftsstrategie beobachtet. Bei den Unternehmen, bei denen das Thema Nachhaltigkeit keine hohe Bedeutung hat, wurde – wie bereits im Abschnitt »Definition von Fokusfeldern« erläutert – bislang keine Nachhaltigkeitsstrategie definiert. In den Unternehmen mit einer hohen Bedeutung der Nachhaltigkeit ist die Nachhaltigkeitsstrategie dagegen mit der Unternehmensstrategie verknüpft beziehungsweise teilweise sogar ein Element von dieser.

»We try to balance commercial success with our impact on the environment and societal needs, and for us it is not an add-on, but it is an integral part of our business strategy.« (Nachhaltigkeitsverantwortlicher)

Zusammenfassung

In diesem Kapitel haben wir die Durchführung einer strategischen Analyse, die Festlegung der Nachhaltigkeitsstrategie und die Verknüpfung der Nachhaltigkeitsstrategie mit der Geschäftsstrategie betrachtet. Die Ergebnisse unserer Studie zeigen, dass Nachhaltigkeit in einigen Unternehmen bereits systematisch durch eine Nachhaltigkeitsstrategie adressiert wird.

Die Grundlage für die Ableitung einer Nachhaltigkeitsstrategie bildet die strategische Analyse. Bei dieser werden neben klassischen Analyseinstrumenten auch speziell für die Nachhaltigkeitsthematik entwickelte Instrumente wie der Sustainability Check von Bayer, der Company Carbon Footprint oder die Carbon Cost Abatement Curve verwendet. Diese werden zur Identifikation und Bewertung von Nachhaltigkeitsmaßnahmen genutzt.

Zur Festlegung der Nachhaltigkeitsstrategie wählen Unternehmen häufig das Instrument unternehmensspezifischer Fokusfelder. Bei geringer Bedeutung von Nachhaltigkeit werden diese »nur« in Anlehnung an Nachhaltigkeitsberichterstattungsstandards festgelegt. Die Nachhaltigkeitsstrategie wird zusätzlich durch die strategische Positionierung eines Unternehmens weiter ausdifferenziert. Dabei sind vier verschiedene strategische Positionierungen möglich. Sie reichen von einer proaktiven Haltung bezüglich des Themas Nachhaltigkeit als »Vorreiter« bis hin zu einer reaktiven Haltung gegenüber Nachhaltigkeit bei einer Positionierung in der »Schlussgruppe«. Mit der Wahl der Positionierung geht auch die Entscheidung für die Festlegung der Höhe der Nachhaltigkeitsziele einher. Die Inhalte der Nachhaltigkeitsziele richten sich zumeist nach den unternehmensspezifischen Fokusfeldern oder den Nachhaltigkeitsindikatoren, die in Nachhaltigkeitsberichterstattungsstandards gefordert werden.

Die Nachhaltigkeitsstrategie ist nicht unabhängig von der Geschäftsstrategie eines Unternehmens. In der Studie zeigt sich, dass die Nachhaltigkeitsstrategie in allen Unternehmen, die eine Nachhaltigkeitsstrategie formuliert haben, mit der Geschäftsstrategie abgestimmt wird. Zum Teil ist Nachhaltigkeit sogar ein Element der Geschäftsstrategie.

4 Nachhaltigkeit in der Unternehmenskultur

Die Festlegung der Nachhaltigkeitsstrategie ist der erste Schritt bei einer systematischen Umsetzung von Nachhaltigkeit im Unternehmen. Darüber hinaus kann ein Unternehmen auf weitere Mittel zur Umsetzung des Themas zurückgreifen. Neben der Implementierung einer formellen Steuerung in Form von Ziel- oder Prozessvorgaben (siehe ausführlich Kapitel 5 zur Steuerung von Nachhaltigkeit) stellt die Verankerung von Nachhaltigkeit in der Unternehmenskultur einen wesentlichen Bestandteil der Umsetzung dar. Die Notwendigkeit der Prägung einer nachhaltigen Kultur wird häufig von Beratern oder Politikern gefordert. Das Kapitel widmet sich eingehend dieser Thematik.

Im Folgenden wird zunächst die Bedeutung von Nachhaltigkeit als Wert der Unternehmenskultur dargestellt. Diese konzeptionelle Darstellung wird um das Unternehmensbeispiel von Henkel ergänzt. Danach wird auf die Steuerungswirkung einer Verankerung von Nachhaltigkeit als Wert in der Unternehmenskultur eingegangen. Abschließend gehen wir der Frage nach, inwiefern Nachhaltigkeit ein Teil der Kultur der an der Studie teilnehmenden Unternehmen ist und welche Mittel durch die Unternehmen eingesetzt werden, um das Bewusstsein der Mitarbeiter für Nachhaltigkeit weiter zu steigern.

Unternehmenswerte und Unternehmenskultur

Die Unternehmenskultur wird als die Gesamtheit der Grundannahmen, Werte, Normen, Einstellungen und Überzeugungen der Mitarbeiter eines Unternehmens verstanden. Sie äußert sich in einer Vielzahl von Verhaltensweisen und Artefakten und wird als Antwort auf die vielfältigen Anforderungen, die an das Unternehmen gestellt werden, gesehen (vergleiche Kutschker/Schmid 2008). Die Kultur setzt sich dabei aus zwei Ebenen zusammen.

Die *nicht-wahrnehmbare Ebene* setzt sich aus Werten und Normen zusammen. Diese repräsentieren Denkhaltungen beziehungsweise Grundannahmen, die von allen Mitarbeitern geteilt werden. Beispiele für Werte, die die Einstellungen der Mitarbeiter abbilden, sind »Ehrlichkeit«, »Freundlichkeit«, »Technik-Verliebtheit« oder »Nachhaltigkeit«. Normen sind Grundannahmen, die von Mitarbeitern nicht diskutiert oder hinterfragt werden und die tief im Denken der Mitarbeiter verwurzelt sind, sodass sie nicht bewusst von diesen wahrgenommen werden. Die Werte und Normen beeinflussen die *wahrnehmbare Ebene* der Unternehmenskultur, auf der sich die sichtbaren Verhaltensweisen der Mitarbeiter – zum Beispiel ihr Kommunikationsverhalten gegenüber Kunden –, das Unternehmensleitbild oder die verwendeten Technologien befinden.

Entscheidend für die Diskussion über den Nutzen und die Möglichkeit der Prägung einer nachhaltigen Unternehmenskultur sind zwei wesentliche Merkmale einer Kultur. Auf der einen Seite kann eine solche nur über einen längeren Zeitraum entwickelt und nur langfristig verändert werden. Eine kurzfristige Veränderung der Unternehmenskultur ist nur schwierig möglich, da Mitarbeiter an bestehenden Denk- und Handlungsmustern festhalten (vergleiche Kutschker/ Schmid 2008). Dadurch sind auch die darauf aufbauenden Verhaltensmerkmale kaum kurzfristig veränderbar. Ausnahmen bilden zum Beispiel Unternehmensskandale (siehe ausführlich Kapitel 2 zu Nachhaltigkeitsskandalen). Auf der anderen Seite können nicht beliebig viele Werte gleichzeitig gelebt werden. Daher steht auch Nachhaltigkeit, als ein möglicher Wert einer Unternehmenskultur, immer in Konkurrenz zu anderen Werten, in Unternehmen der Luftfahrtbranche zum Beispiel zum Wert Sicherheit. Bei einem strikten Handeln auf Basis des Wertes Nachhaltigkeit sollten Flugzeuge mit möglichst wenig Treibstoff vor dem Start betankt werden. Dazu konträr würde ein Handeln entsprechend dem Wert Sicherheit die Einplanung ausreichender Reservespritmengen erfordern.

Ein Beispiel für die Verankerung von Nachhaltigkeit als Wert in der Unternehmenskultur bietet Henkel (siehe Unternehmensbeispiel Verankerung von Nachhaltigkeit in der Kultur der Henkel AG & Co. KGaA).

Unternehmensbeispiel: Verankerung von Nachhaltigkeit in der Kultur der Henkel AG & Co. KGaA

Ausschnitte aus einem Interview mit Herrn Carsten Knobel, Corporate Senior Vice President Cosmetics & Toiletries, Financial Director, Finance – Corporate Controlling (für Hintergrundinformationen vergleiche Unternehmensbeispiel aus Kapitel 2).

Unternehmensleitbilder sind zum einen Ausdruck der Unternehmenskultur, zum anderen ein Element, um die Unternehmenskultur zu prägen. Ist Nachhaltigkeit ein Element des Leitbilds bei Henkel?

Ja, ganz klar. Unsere Vision ist es, global führend mit Marken und Technologien zu sein. Darauf aufbauend haben wir fünf Werte formuliert: Wir stellen unsere Kunden in den Mittelpunkt unseres Handelns. Wir schätzen, fordern und fördern unsere Mitarbeiter. Wir streben herausragenden und nachhaltigen wirtschaftlichen Erfolg an. Wir verpflichten uns, unsere führende Rolle im Bereich Nachhaltigkeit auszubauen. Wir gestalten unsere Zukunft auf dem Fundament eines erfolgreichen Familienunternehmens.

Der vierte Wert formuliert also unsere Verpflichtung im Bereich Nachhaltigkeit. Alle diese Werte werden unternehmensintern stark kommuniziert. Henkel hat sich insbesondere im Jahr 2010 intensiv mit seiner Vision und seinen Werten auseinandergesetzt. Im Zuge dessen wurden etwa 5.000 Workshops in 60 Ländern durchgeführt, um die Bedeutung und Implikationen der Vision und der Werte für die Mitarbeiter zu diskutieren.

Unternehmen wird häufig vorgeworfen, dass die Werte lediglich auf dem Papier wichtig seien. Wie ist Ihre Einschätzung dazu bei Henkel?

Dass dies bei Henkel nicht der Fall ist, sieht man allein schon an der eben genannten Anzahl von Workshops. Uns ist es enorm wichtig, dass jeder Mitarbeiter die Bedeutung der Vision und der Werte für sein tägliches Handeln kennt. Ein Grund für die intensive Auseinandersetzung im vergangenen Jahr ist, dass Henkel beschlossen hat, die Formulierung seiner ursprünglich zehn Werte auf fünf zu vereinfachen. Nachhaltigkeit ist dabei nach wie vor ein explizit formulierter Wert. Dies zeigt, dass die Thematik für Henkel von hoher Bedeutung ist. Die Führungsmannschaft, und insbesondere der Vorstand, ist diesen Werten verpflichtet und lebt sie vor.

Was erhoffen Sie sich von der Definition dieses Wertes?

Der Wert Nachhaltigkeit beziehungsweise Sustainability ist bei uns folgendermaßen formuliert: »Wir verpflichten uns, unsere führende Rolle im Bereich Nachhaltigkeit auszubauen. Wir bieten Produkte, Technologien und Prozesse, die höchste Standards erfüllen. Wir verpflichten uns, für die Sicherheit und Gesundheit unserer Mitarbeiter, den Schutz unserer Umwelt und die Lebensqualität der Menschen in unserem Umfeld zu sorgen.« Dieser beinhaltet bereits die Grundlage unserer Strategie. Ich hatte bereits erwähnt, dass wir in der Vergangenheit als Chemieunternehmen (vergleiche Unternehmensbeispiel in Kapitel 2) schon auf Nachhaltigkeit geachtet haben und unsere Mitarbeiter wie selbstverständlich nachhaltig handeln. Der Wert kodifiziert dies und zeigt, dass diese Marschroute weiterhin gilt. Wir sind überzeugt, dass nachhaltiges Wirtschaften zur langfristigen Wertsteigerung unseres Unternehmens beiträgt und hilft, unser volles Geschäftspotenzial auszuschöpfen.

Bedarf es einer Institutionalisierung der Nachhaltigkeitssteuerung im Controlling?

Ich bin der Meinung, dass es nicht zwangsläufig der Institutionalisierung der Nachhaltigkeitssteuerung im Controlling bedarf. Zum einen, weil Nachhaltigkeit Teil unserer DNA ist und die operativen Einheiten dafür verantwortlich sind, Nachhaltigkeit in ihren Facetten zu beachten und umzusetzen. Dazu zählt das Thema Arbeitsunfälle ebenso wie unser Selbstverständnis, dass jedes neue Produkt einen Beitrag zu Nachhaltigkeit leistet. Hier muss abgewogen werden, wo aktiv und mit KPIs gesteuert werden muss und wo nicht viel kommuniziert werden muss, weil die Mitarbeiter das Thema im Auge behalten. Zudem muss die Steuerung nicht notwendigerweise im Controlling institutionalisiert werden. Für die Arbeitsunfälle haben wir beispielsweise

> ein unternehmensweites Berichtssystem, das von den Fachabteilungen betrieben wird. Es ist auf die spezifischen Steuerungs- und Reporting-Anforderungen dieses Themas ausgerichtet. Die Zahlen aus diesen Systemen bündeln wir bei Henkel durch die Nachhaltigkeitsabteilung. Diese werden dem Vorstand und den Aktionären präsentiert, damit man sieht inwiefern Fortschritte erzielt werden.

Steuerungswirkung der Unternehmenskultur

Wenn Nachhaltigkeit ein Wert der Unternehmenskultur ist, erfolgt eine selbstverständliche und unterbewusste Umsetzung von Nachhaltigkeit durch die Mitarbeiter. Die Umsetzung erfordert in diesem Fall keine Incentivierung oder Sanktionierung der Mitarbeiter, da für diese aufgrund der eigenen Motivation oder des normativen Drucks ein nicht nachhaltiges Handeln unvorstellbar ist. Ein Beispiel hierfür ist die Berücksichtigung des Themas Nachhaltigkeit innerhalb des Innovationsprozesses von Henkel (vergleiche gleichnamiges Unternehmensbeispiel in Kapitel 5).

Eine Verankerung von Nachhaltigkeit in der Unternehmenskultur entlastet das Management erheblich. Es bedarf in der Unternehmenszentrale keiner genauen Kenntnis über Potenziale in Bezug auf Nachhaltigkeit innerhalb einzelner Prozessschritte oder Produkte, um das Thema zu steuern. Die jeweils verantwortlichen Mitarbeiter werden von sich aus die notwendigen Maßnahmen ergreifen und die vorhandenen Potenziale nutzen. Bei dem komplexen Thema Nachhaltigkeit ist eine solche indirekte Steuerung (sehr) erstrebenswert, zumal es keiner formellen Kontrollen der Mitarbeiter bedarf. Weiterhin besteht nur ein geringer Diskussionsbedarf zwischen einzelnen Mitarbeitern und Unternehmensbereichen, da ein gemeinsames Grundverständnis vorherrscht. Dies führt dazu, dass der Koordinationsbedarf sinkt und notwendige Maßnahmen schneller umgesetzt werden können.

Neben den angesprochenen Vorteilen stellt die Verankerung von Nachhaltigkeit in der Unternehmenskultur die Unternehmen jedoch vor einige Herausforderungen. Unternehmen, in denen Nachhaltigkeit nicht bereits als Wert existiert, stehen mit dem Ziel, Nachhaltigkeit innerhalb der Unternehmenskultur zu verankern, vor einem komplexen, langjährigen und schwer steuerbaren Prozess. Kontrollen, um die Fortschritte bei der Verankerung von Nachhaltigkeit im Unternehmen zu überprüfen, sind schwer durchführbar. Als Kontrollinstrument stehen beispielsweise Mitarbeiterbefragungen zur Verfügung. Sie können aber nur sehr mittelbar erfassen, welche Einstellungen bei den Mitarbeitern vorherrschen und wie sich die Mitarbeiter verhalten. Vor allem multinationale Unternehmen stehen darüber hinaus vor der Herausforderung, dass sie auf verschiedene Länderkulturen treffen. In diesen unterscheiden sich die Einstellungen gegenüber dem Thema Nachhaltigkeit und die als relevant betrachteten Nachhaltigkeitsthemen zum Teil stark. Dies erschwert die Bildung eines gemeinsamen Verständnisses der Thematik.

Im Folgenden wollen wir diese einführenden, konzeptionellen Überlegun-

---

Mit einer Verankerung von Nachhaltigkeit in der Unternehmenskultur wird sie zum »Selbstläufer«

gen noch etwas vertiefen und dann wieder an den Ergebnissen unserer Interviews spiegeln.

Verankerung in der Unternehmenskultur

Inwiefern Nachhaltigkeit in der Unternehmenskultur verankert werden sollte, wird von der Bedeutung der Thematik bedingt. Bei einer hohen Bedeutung von Nachhaltigkeit auf Marktpotenzial- oder Leistungserstellungsseite sollte die Thematik langfristig Teil der Unternehmenskultur werden, um die Vorteile der damit verbundenen indirekten Steuerungswirkung nutzen zu können. Aufgrund der Dauer dieses Verankerungsprozesses sollten aber flankierend auch Maßnahmen der formellen Steuerung, wie zum Beispiel Ziel- oder Prozessvorgaben, genutzt werden (siehe ausführlich Kapitel 5 zur Steuerung von Nachhaltigkeit). Denn auch die Verwendung von Ziel- und Prozessvorgaben führt langfristig dazu, dass der Thematik vonseiten der Mitarbeiter zunehmend mehr Aufmerksamkeit gewidmet und die Berücksichtigung in Prozessen damit zu einer Selbstverständlichkeit wird (da zum Beispiel jährlich Ziele erreicht werden müssen). Dies führt schlussendlich zu einer Einprägung der Nachhaltigkeit in der Unternehmenskultur.

Wenn die Bedeutung von Nachhaltigkeit gering ist, sollte Nachhaltigkeit nicht als Wert in die Unternehmenskultur eingebunden werden. Durch eine solche Verankerung würde zu viel Aufmerksamkeit auf Nebenaspekte gelenkt werden, die von keiner hohen Relevanz für das Unternehmen sind. Die Steuerung von Nachhaltigkeit sollte in diesem Fall über schneller umsetzbare Prozess- und Zielvorgaben erfolgen.

Innerhalb unserer Studie haben sich bei der Verankerung von Nachhaltigkeit in der Unternehmenskultur zwei Gruppen von Unternehmen gezeigt. Beim Großteil der befragten Unternehmen ist Nachhaltigkeit bislang nicht Teil der Unternehmenskultur. Häufig gibt es jeweils nur eine kleine Gruppe von Mitarbeitern, die sich für Nachhaltigkeit interessieren und sich der Bedeutung der Thematik bewusst sind. Dies wird anhand der Aussagen der Interviewpartner zum nicht vorhandenen Mitarbeiterbewusstsein deutlich.

»*Nachhaltigkeit ist nicht allen im Unternehmen geläufig. Wahrscheinlich haben 20.000 Mitarbeiter den Begriff noch nicht einmal gehört.*« (Nachhaltigkeitsverantwortlicher)

»*Noch ist das Bewusstsein [für Nachhaltigkeit] nicht da.*« (Controller)

Bei wenigen Unternehmen wird Nachhaltigkeit jedoch bereits als Teil der Unternehmenskultur angesehen.

»*Nachhaltigkeit ist bereits seit Jahrzehnten in der Kultur und der Philosophie des Unternehmens verankert.*« (Nachhaltigkeitsverantwortlicher)

Dabei wird die Verankerung von Nachhaltigkeit in der Unternehmenskultur in einem Fall durch die Historie als Chemieunternehmen begründet. Auch aus dem Beispiel von Henkel (siehe Kapitel 2 Unternehmensbeispiel zur Henkel AG & Co. KGaA) geht hervor, dass Henkel schon früh strikte Umweltauflagen erfüllen musste, sodass sich ein Sicherheitsdenken in Bezug auf Umwelt- und Arbeitssicherheit im Mitarbeiterbewusstsein etabliert hat. In einem anderen Unternehmen wurde die Einstellung der Eigentümer

Nachhaltigkeit wird bislang nur bei wenigen Unternehmen als Wert der Unternehmenskultur betrachtet

Unabhängig von der Bedeutung von Nachhaltigkeit wird in den Unternehmen ein stärkeres Nachhaltigkeitsbewusstsein der Mitarbeiter angestrebt

des Unternehmens, die Wert auf ein nachhaltiges Wirtschaften legen, als Ursache für die Verankerung in der Unternehmenskultur genannt.

Unabhängig von der Bedeutung der Thematik oder der bisherigen Verankerung von Nachhaltigkeit als Teil der Kultur versuchen alle befragten Unternehmen, Nachhaltigkeit noch stärker in das Mitarbeiterbewusstsein zu bringen. Dies wird als Erfolgsfaktor und als wesentliche Herausforderung bei der Umsetzung der Thematik angesehen.

»*Wenn Nachhaltigkeit nicht in den Prozessen und Mitarbeiterköpfen ist, wird sie nicht zum Unternehmenserfolg beitragen.*« (Nachhaltigkeitsverantwortlicher)

»*Die derzeitige Herausforderung bei der Umsetzung des Themas ist die Kommunikation der Sinnhaftigkeit in der Fläche.*« (Controller)

Somit zeigt sich, dass einerseits die Unternehmen, für die Nachhaltigkeit von hoher Bedeutung ist, so handeln, wie es aufgrund der Bedeutungsmatrix zu erwarten wäre. In diesen Unternehmen ist Nachhaltigkeit entweder bereits Teil der Unternehmenskultur oder die Verankerung wird angestrebt. Andererseits verfolgen auch die Unternehmen, für die Nachhaltigkeit von geringer Bedeutung ist, die Verankerung von Nachhaltigkeit in den Köpfen der Mitarbeiter. Hier besteht unter Umständen die Gefahr, einen Wert zu etablieren, der für das Unternehmen nicht wesentlich ist.

Unternehmens- und mitarbeiterspezifische Faktoren sind die Ursache für die bislang mangelnde Verankerung von Nachhaltigkeit im Mitarbeiterbewusstsein

Die bislang mangelnde Verankerung von Nachhaltigkeit in der Unternehmenskultur der befragten Unternehmen ist auf unternehmens- und mitarbeiterspezifische Ursachen zurückzuführen. Zu den unternehmensspezifischen Ursachen, die einer Verankerung von Nachhaltigkeit entgegenstehen, zählt eine bisher fehlende Diskussion im Vorstand. Auch die mangelnde Unterstützung durch den CEO wird als Grund genannt (siehe auch Kapitel 2 zu CEO und Vorstand).

»*Das wäre der erste Schritt. Es muss sich ein Vorstand klar dazu verpflichten, das Thema voranzutreiben.*« (Controller)

Ein weiterer unternehmensspezifischer Faktor ist die Tatsache, dass häufig nicht in allen Unternehmensbereichen die Bedeutung des Themas Nachhaltigkeit für das Unternehmen deutlich wird. In den Interviews wurde dabei die unterschiedliche Betroffenheit durch die Thematik der verschiedenen Geschäftsbereiche eines Unternehmens genannt. Weitere Studien bestätigen, dass sich die Betroffenheit in verschiedenen Funktionsbereichen zum Teil stark unterscheiden kann (vergleiche Herzig/Schaltegger 2009). Dabei zeigt die Studie beispielsweise, dass das Rechnungswesen kaum von ökologischen Aspekten betroffen ist, während in der Produktion stark auf ökologische Aspekte geachtet wird.

Zu den mitarbeiterspezifischen Faktoren, die eine Verankerung im Mitarbeiterbewusstsein behindern, zählt die Betrachtung von Nachhaltigkeit als reine Philanthropie beziehungsweise als Kostenblock durch die Mitarbeiter. In den Interviews wurde häufig betont, dass Mitarbeiter Nachhaltigkeit noch stark als überflüssigen Kostenaspekt und nicht als Möglichkeit der Risikoreduktion oder Nutzung von Marktchancen betrachten würden:

»*Viele glauben, dass es der Nachhaltigkeitsabteilung um ›Gutmenschentum‹ geht. Das haben sie im ›Business‹ nicht gerne.*« (Nachhaltigkeitsverantwortlicher)

Zusätzlich ist die bereits im vorherigen Abschnitt genannte unterschiedliche regionale Einstellung der Mitarbeiter in Bezug auf Nachhaltigkeit ein Grund für eine mangelnde Verbreitung im Mitarbeiterbewusstsein. Hier wurde in den Interviews häufig auf den unterschiedlich hohen Stellenwert der Thematik in China und Europa hingewiesen.

»*In Europa sind die Mitarbeiter bereits sensibilisiert, in China wird auf andere Werte geachtet.*« (Nachhaltigkeitsverantwortlicher)

Um die bestehenden Herausforderungen für die Verankerung von Nachhaltigkeit im Mitarbeiterbewusstsein zu lösen, verwenden die von uns befragten Unternehmen ein zentrales Mittel. Dieses besteht darin, den einzelnen Mitarbeitern Vorbilder aufzuzeigen. Die Vorbilder haben den Zweck, den Mitarbeitern die Bedeutung und den Nutzen von Nachhaltigkeit näherzubringen. Als Vorbilder werden dabei der CEO, das eigene Unternehmen oder andere Mitarbeiter dargestellt.

Der CEO spielt eine tragende Rolle in den befragten Unternehmen, da er für die Ernsthaftigkeit der Umsetzung von Nachhaltigkeit steht. Um sich als Vorbild zu positionieren, kann er sich beispielsweise gegenüber NGOs, wie der Combat Climate Change Initiative oder Utopia, öffentlich zu einer nachhaltigen Unternehmensführung bekennen. Eine weitere verwendete Maßnahme war die Vorstellung der neuen Firmenwagenflottenregelung, die Emissionsobergrenzen vorsieht und die vor den Top-Führungskräften des Unternehmens präsentiert wurde. Der CEO stellte dabei gleichzeitig seinen neuen emissionsärmeren Firmenwagen vor.

Zudem kann das eigene Unternehmen gegenüber den Mitarbeitern durch die Fokusfelder als gutes Beispiel dargestellt werden. Die Verwendung von Fokusfeldern zur Kommunikation wird nicht nur gegenüber externen Stakeholdern, sondern auch gegenüber den eigenen Mitarbeitern verwendet. Dadurch werden der Beitrag des eigenen Unternehmens zur Nachhaltigkeit sowie die Chancen und Risiken von Nachhaltigkeit für das Unternehmen verdeutlicht. Zusätzlich kann die Bedeutung von Nachhaltigkeit für die eigene Tätigkeit einfacher durch die Mitarbeiter abgeleitet werden.

Um die Bedeutung für die Mitarbeiter noch deutlicher zu machen, wird in einigen der befragten Unternehmen versucht, Mitarbeiter gegenüber ihren Kollegen als Vorbilder für ein nachhaltiges Verhalten darzustellen. In einem Unternehmen werden beispielsweise einige Mitarbeiter für 10 Prozent ihrer Arbeitszeit freigestellt, um anderen Mitarbeitern ein möglichst nachhaltiges Verhalten im Berufsalltag näherzubringen. Dies kann zum Beispiel darin bestehen, Ausdrucke nur noch im Duplex-Format zu tätigen oder anstatt eines Präsentationsausdrucks den eigenen Laptop mit in Sitzungen zu nehmen. Ein weiteres Beispiel sind Nachhaltigkeitswettbewerbe, die das beste Nachhaltigkeitsprojekt prämieren, oder die Berücksichtigung nachhaltiger Ideen im Rahmen des Vorschlagswesens eines Unternehmens. Ein Beispiel für einen unternehmensinternen Wettbewerb ist die Auszeichnung des Lkw-Fahrers, der die geringste Spritmenge pro gefahrenem Kilometer benötigt. Auch werden in mehreren Unternehmen im Unternehmensintranet

Maßnahmen zur Verankerung von Nachhaltigkeit in den Unternehmen zielen darauf ab, den Mitarbeitern Vorbilder aufzuzeigen

Tipps für ein nachhaltiges Verhalten am Arbeitsplatz präsentiert und wöchentlich aktualisiert.

Zusammenfassung

In diesem Kapitel wurde auf die Bedeutung einer Verankerung von Nachhaltigkeit in der Unternehmenskultur, die daraus resultierende Steuerungswirkung und den Status quo der Verankerung von Nachhaltigkeit in der Unternehmenskultur der befragten Unternehmen eingegangen. Dabei haben wir aufgezeigt, wie die Umsetzung von Nachhaltigkeit durch die Prägung der Unternehmenskultur erfolgen kann. Hierzu bedarf es einer Verankerung von Nachhaltigkeit als Wert in der Kultur des Unternehmens. Eine solche Verankerung kann dabei als Substitut oder Ergänzung zu einer formellen Steuerung dienen. Der Vorteil, der daraus für das Unternehmen resultiert, ist die flächendeckende Umsetzung in allen Prozessen mit Mitarbeiterbeteiligung und ohne die Notwendigkeit, formelle Kontrollen durchzuführen. Nachteilig ist jedoch der langjährige Prozess, der zur Verankerung von Nachhaltigkeit als Wert der Unternehmenskultur notwendig ist.

Im Rahmen der Studie zeigte sich, dass bei den meisten Unternehmen noch keine Verankerung von Nachhaltigkeit als Wert der Unternehmenskultur stattgefunden hat. Lediglich in einigen Unternehmen ist Nachhaltigkeit bereits Bestandteil der Unternehmenskultur aufgrund von Branchengegebenheiten oder der Anforderungen der Eigentümer. Alle an der Studie teilnehmenden Unternehmen verfolgen jedoch das Ziel, das Bewusstsein der Mitarbeiter stärker auf das Thema Nachhaltigkeit zu richten. Zentraler Ansatzpunkt für Unternehmen ist dabei das Aufzeigen von Vorbildern für die einzelnen Mitarbeiter, wodurch die Relevanz und der Nutzen von Nachhaltigkeit vorgelebt werden. Als Vorbilder für nachhaltiges Wirtschaften werden in den befragten Unternehmen der CEO, das eigene Unternehmen oder andere Mitarbeiter verwendet. Ein zu großes Engagement dabei ist vor dem Hintergrund der Studienergebnisse durchaus kritisch zu sehen.

5 Steuerung von Nachhaltigkeit

Dieses Kapitel widmet sich der Frage, wie das Thema Nachhaltigkeit in einem Unternehmen gesteuert werden kann. Dabei wird ein breiter Steuerungsbegriff genutzt. Neben dem traditionellen Verständnis einer Steuerung mithilfe von Zielen gehen wir auch auf eine Prozesssteuerung ein und ziehen die Verbindung zu den beiden schon diskutierten Themen Strategie und Kultur. Ziel des Kapitels ist es, aufzuzeigen, welche Mittel einem Unternehmen insgesamt zur Verfügung stehen, um eine zielgerichtete Berücksichtigung des Themas Nachhaltigkeit bei Entscheidungen und im täglichen Handeln der Mitarbeiter zu erreichen.

Die inhaltliche Frage, wie Unternehmen mit einem eventuellen Zielkonflikt zwischen finanziellen Zielen und Nachhaltigkeitszielen umgehen sollten, beziehungsweise wie sich dieser Zielkonflikt bei der Steuerung von Nachhaltigkeit äußert, werden wir dagegen nicht betrachten. Sie sollte aber geklärt sein, bevor eine Steuerung des Themas Nachhaltigkeit aufgebaut wird. Alle von uns interviewten Unternehmen verfolgen einen ökonomischen Triple-Bottom-Line-Ansatz, bei dem die ökonomischen Aspekte in der Zielhierarchie Priorität haben (siehe Kapitel 2 zu der Konzeptionalisierung von Nachhaltigkeit in Unternehmen). Hier besteht die Herausforderung, dass Nachhaltigkeitsaspekte bei der Steuerung in finanziellen Einheiten ausgedrückt werden müssen. Nur so kann eine Steuerung von Nachhaltigkeit im Sinne des ökonomischen Triple-Bottom-Line-Ansatzes stattfinden.

Ziele und Ausgestaltungsformen einer Steuerung

Unternehmen nutzen eine Steuerung aus drei Gründen. (1) Steuerung macht den Mitarbeitern transparent, welche Ziele das Unternehmen und im Speziellen ihr Arbeitsbereich hat. Dies ist gerade bei Nachhaltigkeit wichtig, da Mitarbeiter häufig nicht wissen, welchen Beitrag sie durch ihre Arbeit zum Thema Nachhaltigkeit leisten beziehungsweise leisten könnten. (2) Steuerung erfolgt, um Motivationsprobleme, wie zum Beispiel das Priorisieren von persönlichen Interessen vor den Interessen des Unternehmens, zu verhindern. Unsere Studie hat gezeigt, dass sich CEOs beim Thema Nachhaltigkeit nicht nur engagieren, um das Unternehmensimage zu verbessern, sondern auch, um sich persönlich zu positionieren. Eine Steuerung soll in diesem Fall verhin-

Eine Steuerung erfolgt, um Ziele bekannt zu machen, Motivationsprobleme zu lösen und eine Überforderung zu vermeiden

Die Hierarchie zwischen ökonomischen, ökologischen und sozialen Zielen ist vor der Konzeption einer Steuerung zu klären

dern, dass persönliche Interessen zulasten des Unternehmens verfolgt werden. (3) Steuerung soll das Problem lösen, dass Mitarbeiter für Aufgaben oder Ziele verantwortlich sind, die sie aufgrund persönlicher Limitationen, zum Beispiel mangelndem Training oder mangelnder Erfahrung, nicht erledigen oder erreichen können (vergleiche Merchant/van der Stede 2007).

Unternehmen stehen mehrere Formen der Steuerung zur Verfügung, die sich in ihren Voraussetzungen und ihrer Wirkungsweise unterscheiden (siehe Abbildung 11). Die verschiedenen Formen der Steuerung lassen sich in Steuerungsformen mit einer informellen und Steuerungsformen mit einer formellen Steuerungswirkung unterscheiden.

Formen der Steuerung mit einer informellen Steuerungswirkung

Eine Steuerung mithilfe einer Strategie oder der Kultur fällt in den Bereich der informellen Steuerung. Diese Form der Steuerung zeichnet sich dadurch aus, dass innerhalb des Unternehmens ein gemeinsames Verständnis über Ziele, Normen, Werte, Einstellungen und Verhaltensweisen besteht. Weichen einzelne Mitarbeiter des Unternehmens von diesem gemeinsamen Verständnis ab, so wird dieses Verhalten durch die anderen Mitarbeiter sanktioniert (vergleiche Merchant/van der Stede 2007). Besteht zum Beispiel in einem Unternehmen ein gemeinsames Verständnis darüber, dass das Thema Arbeitssicherheit an erster Stelle steht, so könnte der Vorschlag, einen Business Case bei einer Investition in die Verbesserung der Ar-

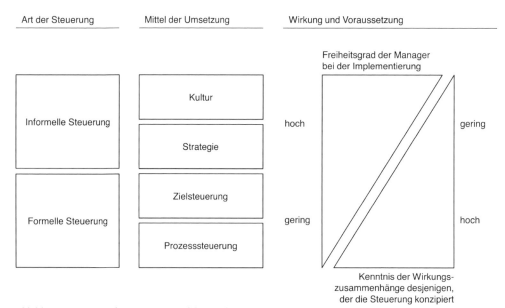

Abbildung 11: Formen der Steuerung und ihre Wirkungsweise sowie Voraussetzungen

beitssicherheit zu berechnen, eventuell Befremden auslösen. Eine informelle Steuerung mithilfe der Strategie oder der Kultur lässt Managern große Freiräume bei der Umsetzung und erfordert keine Vorgaben zu einem bestimmten Vorgehen oder detaillierte Ziele (siehe auch Kapitel 3 zur Nachhaltigkeitsstrategie und Kapitel 4 zu Nachhaltigkeit in der Unternehmenskultur).

Formen der Steuerung mit einer formellen Steuerungswirkung

Auf der anderen Seite haben eine Ziel- und Prozesssteuerung eine formelle Steuerungswirkung. Charakteristisch für eine formelle Steuerung ist, dass das erwünschte Verhalten (im Rahmen der Prozesssteuerung) oder das genaue Ziel (im Rahmen einer Zielsteuerung) vorgegeben werden. Dadurch werden einerseits die Freiräume der einzelnen Manager eingeschränkt, andererseits aber auch das gewünschte Ergebnis genauer definiert. Auf Basis dieser Vorgaben können dann die Prozess- und die Ergebniskontrolle stattfinden. Beide Steuerungsformen erfordern von denjenigen, die die Steuerung konzipieren, eine genaue Kenntnis über die Wirkungszusammenhänge, um das geeignete Vorgehen und die Ziele definieren zu können. Im Folgenden soll nun näher auf die Prozess- und Zielsteuerung eingegangen werden, die wir im Gegensatz zur informellen Steuerung bisher in diesem AC-Band noch nicht näher behandelt haben.

Prozesssteuerung

Eine Prozesssteuerung kann mithilfe von Compliance-Vorschriften und mithilfe von Vorgaben innerhalb von Geschäftsprozessen erfolgen. Vorgaben innerhalb von Geschäftsprozessen erlauben im Vergleich zu Compliance-Vorschriften größere Freiheitsgrade bei der Umsetzung. Mithilfe von Vorgaben innerhalb von Geschäftsprozessen kann geregelt werden, dass ein Thema, zum Beispiel durch Prüfschritte innerhalb des Geschäftsprozesses, ausreichend berücksichtigt wird. Beispielsweise kann innerhalb des Beschaffungsprozesses geregelt sein, dass bestimmte ökologische Kriterien bei jedem Einkaufsvorgang zu prüfen sind. Compliance-Vorschriften dienen normalerweise dazu, Gesetze und andere rechtliche Regelungen im Unternehmen umzusetzen, und müssen deshalb entsprechend verbindlich bei der Umsetzung beachtet werden. Gesetze und andere rechtliche Regelungen zum Thema Nachhaltigkeit gibt es in sehr unterschiedlichen Bereichen, so zum Beispiel zu Emissionsgrenzen bei verschiedenen Stoffen oder hinsichtlich einer maximal erlaubten Arbeitszeit. Ein Verstoß des Unternehmens gegen diese rechtlichen Regelungen kann mitunter schwerwiegende Folgen nach sich ziehen. Deshalb ist es wichtig, mithilfe von Compliance-Vorschriften ein Vorgehen oder ein Verhalten, gerade wenn es Gesetze betrifft, detailliert und verbindlich zu regeln.

Wir wollen im Folgenden noch etwas detaillierter auf die beiden Formen einer Prozesssteuerung eingehen.

Eine Prozesssteuerung erfolgt durch Compliance-Vorschriften und durch Vorgaben innerhalb von Geschäftsprozessen

Prozesssteuerung mithilfe von Vorgaben und Compliance-Vorschriften

Vorgaben sollten innerhalb der betroffenen Geschäftsprozesse bei einer hohen Bedeutung von Nachhaltigkeit genutzt werden

Für Unternehmen, bei denen das Thema Nachhaltigkeit von einer hohen Bedeutung für das Marktpotenzial ist, bietet es sich an, Vorgaben innerhalb der betroffenen Geschäftsprozesse, zum Beispiel des Innovationsprozesses, zu machen. Durch diese Vorgaben wird erreicht, dass Nachhaltigkeit innerhalb dieser Prozesse berücksichtigt wird. Beispielsweise kann es für ein Unternehmen der Automobilindustrie sinnvoll sein, innerhalb des Produktentwicklungsprozesses entsprechende Vorgaben zu machen, da Kunden beim Kauf eines Neuwagens stark auf dessen Umweltfreundlichkeit (insbesondere die Höhe des Benzinverbrauchs) achten (vergleiche Verbrauchs- und Medienanalyse 2011).

Bei Unternehmen, für die das Thema Nachhaltigkeit bei der Leistungserstellung von hoher Bedeutung ist, bietet es sich an, Vorgaben in Geschäftsprozessen zu machen, die die Leistungserstellung betreffen. Dies betrifft zum einen die eigene Leistungserstellung des Unternehmens (dabei ist zum Beispiel der Investitionsprozess wichtig) und zum anderen die Leistungserstellung in der vorgelagerten Wertschöpfungskette. Hier kann zum Beispiel der Beschaffungsprozess betroffen sein. Für ein Logistikunternehmen kann es demnach wichtig sein, bei Neuinvestitionen in Transportmittel deren CO_2-Ausstoß zu berücksichtigen, um eine möglichst umweltfreundliche Dienstleistung anbieten zu können.

Bei einer geringen Bedeutung sollte das Thema nur selektiv in den Geschäftsprozessen berücksichtigt werden

Bei einer geringen Bedeutung des Themas Nachhaltigkeit für das Marktpotenzial oder die Leistungserstellung sollten Vorgaben innerhalb von Geschäftsprozessen, die Nachhaltigkeit in den Vordergrund rücken, lediglich selektiv eingesetzt werden. Es besteht in diesem Fall die Gefahr, dass durch diese Vorgaben eine falsche Fokussierung vorgenommen wird. Nachhaltige Kriterien sollten zum Beispiel im Innovationsprozess von Anbietern von Mobilfunkgeräten mit Bedacht eingesetzt werden. Grund hierfür ist, dass Nachhaltigkeit für Kunden, die über die Neuanschaffung eines Handys oder Smartphones nachdenken, kein Kaufkriterium darstellt. Entsprechend sollte innerhalb des Innovationsprozesses der Fokus auf wichtigere Kriterien wie den Preis, die Bedienungsfreundlichkeit, das Design und eine hochwertige Kamera gelegt werden (vergleiche Institut für Demoskopie Allensbach 2010). Eine Fokussierung auf das Thema Nachhaltigkeit könnte hier dazu führen, dass ein Produkt am Markt vorbei entwickelt wird.

Compliance-Vorschriften sollten zur Umsetzung von gesetzlichen Vorschriften genutzt werden

Unabhängig von der Bedeutung des Themas Nachhaltigkeit sollten diesbezügliche Gesetze und rechtliche Regelungen mithilfe entsprechender Compliance-Vorschriften im Unternehmen umgesetzt werden. So empfiehlt es sich zum Beispiel für Handelsunternehmen, Regelungen in die Lieferantenvereinbarungen aufzunehmen, die die Einhaltung der gesetzlichen Umwelt- und Sozialvorschriften sicherstellen. Darüber hinaus sollten Unternehmen Compliance-Vorschriften bei Nachhaltigkeitsthemen nutzen, wenn die Einhaltung eines bestimmten Vorgehens oder Verhaltens für sie eine große Wichtigkeit besitzt. Zum Beispiel kann ein Unternehmen sehr strenge Compliance-Vorschriften über die gesetzlichen Regelungen hinausgehend zur Bewirtung von Geschäftspartnern implementieren, um auszuschließen, dass es hier zu einem reputationsschädigenden Fehlverhalten der Mitarbeiter kommt.

Studienergebnisse zur Nutzung von Vorgaben und Compliance-Vorschriften

Unsere Interviews haben gezeigt, dass Unternehmen Vorgaben innerhalb von Geschäftsprozessen als ein wichtiges Instrument ansehen, um das Thema Nachhaltigkeit in die operativen Abläufe zu integrieren.

»*Nachhaltigkeit muss auch in die Geschäftsprozesse reingebracht werden. Ansonsten bleibt es nur ein Add-on.*« *(Controller)*

Zur Realisierung des Marktpotenzials zum Thema Nachhaltigkeit machen Unternehmen häufig Vorgaben innerhalb ihres Innovationsprozesses. Das nachfolgende Unternehmensbeispiel von Henkel stellt exemplarisch dar, wie dieses Unternehmen das Thema Nachhaltigkeit in den Innovationsprozess integriert hat. Durch Vorgaben innerhalb des Innovationsprozesses zum Thema Nachhaltigkeit wird den Mitarbeitern verdeutlicht, dass die Thematik von Bedeutung für den Erfolg des Unternehmens ist. Zudem werden Innovationen, die keinen Beitrag zur Nachhaltigkeit leisten, nicht vom Unternehmen weiterentwickelt oder müssen einen entsprechend höheren finanziellen Beitrag generieren.

Vorgaben innerhalb von Geschäftsprozessen werden von Unternehmen als ein wichtiges Instrument zur Umsetzung von Nachhaltigkeit angesehen

---

Unternehmensbeispiel: Berücksichtigung des Themas Nachhaltigkeit innerhalb des Innovationsprozesses bei der Henkel AG & Co. KGaA

Für Hintergrundinformationen siehe Unternehmensbeispiel in Kapitel 2.

Quelle

Henkel AG & Co. KGaA

Der Inno Gate Prozess

Henkel berücksichtigt das Thema Nachhaltigkeit nicht nur innerhalb des Innovationsprozesses, sondern auch bereits in der zeitlich vorgelagerten Marktforschung, die sich dem Thema intensiv widmet. Im Innovationsprozess von Henkel, dem so genannten Inno Gate Prozess, ist das Thema Nachhaltigkeit ein fester Bestandteil beziehungsweise ein festes Beurteilungskriterium. Der Prozess besteht aus mehreren Stufen, die jede Produktinnovation bis zur Markteinführung durchlaufen muss (siehe Abbildung 1).

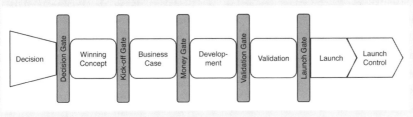

Abbildung 1: Ablauf des Inno Gate Prozesses

Bereits in der Konzeptphase, einer der ersten Stufen des Prozesses, wird die Nachhaltigkeitswirkung der Innovation überprüft. Die Bewertung der Nachhaltigkeitswirkung der Innovation erfolgt dabei anhand von Fokusfeldern. Diese Fokusfelder stellen die fünf übergreifenden Themen, unter denen die Nachhaltigkeitsaktivitäten von Henkel zusammengefasst werden, dar. Zu den Fokusfeldern zählen die Themen »Energie und Klima«, »Wasser und Abwasser«, »Materialien und Abfall«, »Sicherheit und Gesundheit« sowie »gesellschaftlicher und sozialer Fortschritt«. Jede Innovation wird bezüglich ihrer Nachhaltigkeitswirkung in Hinblick auf die einzelnen Fokusfelder auf einer Skala von minus zwei bis plus zwei qualitativ bewertet (siehe Abbildung 2). Dabei wird ein Vergleich der Innovation, beispielsweise zum Vorgängerprodukt, durchgeführt. Alle neuen Produkte leisten – so das Selbstverständnis des Unternehmens – in mindestens einem dieser Fokusfelder einen Beitrag zur nachhaltigen Entwicklung.

Abbildung 2: Bewertung der Nachhaltigkeitswirkung einer Innovation

Die Berücksichtigung von Nachhaltigkeit im Rahmen des Innovationsprozesses hat also für Henkel eine hohe Bedeutung. Produktinnovationen von Henkel sollen einen neuen Qualitätsstandard im Markt setzen. Neben bester Produktleistung ist die Verantwortung für Mensch und Umwelt nach der Auffassung von Henkel das, was gute Produkte auszeichnet. Dies bedeutet, dass die gesamte Wertschöpfungskette eines Produkts von der Auswahl der Rohstoffe über die Produktion und den Transport bis hin zur Anwendung und Entsorgung mit in die Betrachtung einbezogen werden muss. Um die führende Stellung in den Bereichen Innovation und Nachhaltigkeit aufrechtzuerhalten, werden »Cross-Industry Innovations«, die Entwicklung von Innovationen über Partnerschaften mit allen Teilnehmern der Wertschöpfungsketten, und deren effektives Management künftig noch wichtiger werden.

Die von uns interviewten Unternehmen nutzen zur Berücksichtigung von Nachhaltigkeit bei der Leistungserstellung häufig Vorgaben im Investitionsprozess. Diese Möglichkeit sollte insbesondere von Unternehmen in Branchen, in denen langlebige Produktionsgüter eingesetzt werden, gewählt werden. Entscheidungen haben in diesen Branchen oft jahrzehntelange Konsequenzen für die Positionierung des Unternehmens zum Thema Nachhaltigkeit für mehrere Jahrzehnte. Nur durch die Berücksichtigung im Investitionsprozess lässt sich die Leistungserstellung eines Unternehmens langfristig nachhaltiger gestalten. Seltener werden jedoch von Unternehmen Prozessvorgaben im Beschaffungsprozess genutzt. Ein Unternehmen berichtete, dass aktuell darüber nachgedacht wird, Nachhaltigkeitskriterien bei der Lieferantenauswahl mit einer Gewichtung von 10 Prozent einfließen zu lassen. Insgesamt haben wir aber die Beobachtung gemacht, dass die Unternehmen eher Compliance-Vorschriften als Prozessvorgaben innerhalb des Beschaffungsprozesses nutzen.

Vorgaben zur Berücksichtigung von Nachhaltigkeit in der Leistungserstellung beziehen sich auf den Investitions- und Beschaffungsprozess

Die Studie hat ferner aufgezeigt, dass Unternehmen Compliance-Vorschriften nutzen, um Gesetze zum Thema Nachhaltigkeit umzusetzen. Entsprechend greifen insbesondere Unternehmen, die in diesem Bereich stark durch den Staat reguliert werden, auf diese Art der Steuerung zurück. So wird man bei Energieerzeugern oder Pharmaunternehmen häufiger als bei Handelsunternehmen Compliance-Vorschriften zur Umsetzung von Gesetzen zum Thema Nachhaltigkeit vorfinden. Zudem nutzen die befragten Unternehmen Compliance-Vorschriften, um ein ethisch korrektes Verhalten ihrer Mitarbeiter sicherzustellen. So gibt es in vielen Unternehmen einen Code of Conduct, welcher unter anderem Antidiskriminierungsvorschriften enthält.

»*In den Compliance-Vorschriften gibt es Visionen und Normen für ein ethisches Verhalten, die die Leute bei ihren Entscheidungen berücksichtigen müssen.*« (Controller)

Die Interviews haben auch gezeigt, dass Compliance-Vorschriften primär im Lieferantenverhältnis verwendet werden. Damit möchten Unternehmen sicherstellen, dass Nachhaltigkeitsstandards (wie die oben erwähnten rechtlichen Vorschriften und ein darüber hinausgehendes ethisch korrektes Verhalten) in der Lieferkette des Unternehmens eingehalten werden. Diese Vorschriften dienen vor allem dem Schutz der Unternehmensreputation, da Unternehmen durch die Öffentlichkeit stärker als früher für die Produktionsbedingungen in ihrer Lieferkette verantwortlich gemacht werden (vergleiche KPMG 2011).

»*Man arbeitet auf Basis eines Regelwerkes, welches verhindert, dass man mit potenziell gefährdeten Lieferanten zusammenarbeitet.*« (Controller)

Vergangene Skandale, wie zum Beispiel zum Thema Kinderarbeit bei Nike, verdeutlichen, wie wichtig diese Regelungen im Lieferantenverhältnis sind (siehe auch Kapitel 2 zu Nicht-Regierungs-Organisationen).

Compliance-Vorschriften werden meist nur zur Umsetzung von Gesetzen genutzt

Gegenüber einer weitergehenden Nutzung der Compliance-Vorschriften waren die befragten Unternehmen häufig zurückhaltend eingestellt. Diese Haltung wurde dadurch begründet, dass das positive Image, welches das Thema

Compliance-Vorschriften zu Nachhaltigkeit können von der Mitarbeiterschaft kritisch gesehen werden

Nachhaltigkeit derzeit bei der Mitarbeiterschaft genießt, durch diese Vorschriften nicht gefährdet werden soll. Schließlich sind die Unternehmen bei der Umsetzung der Thematik auf die Mitwirkung ihrer Mitarbeiter angewiesen (siehe auch Kapitel 2 zu Mitarbeiter).

»Maßnahmen, wie eine Einschränkung der Papiermenge beim Drucken, haben mit Nachhaltigkeit nichts zu tun. Die Mitarbeiter sind dann nur negativ auf die Nachhaltigkeitsabteilung zu sprechen. Stattdessen haben wir den Papierberg, der in unserem Unternehmen täglich verbraucht wird, in der Eingangshalle aufgestapelt.« (Carbon Accounting Verantwortlicher)

Dies zeigt, dass Compliance-Vorschriften auf der einen Seite ein wichtiges Instrument darstellen können, um ein gewünschtes Verhalten detailliert und verbindlich zu regeln. Auf der anderen Seite kann die Verwendung von Compliance-Vorschriften aber auch Gegenreaktionen erzeugen, da der Freiheitsgrad der Mitarbeiter bei der Umsetzung dadurch stark eingeschränkt wird. Compliance-Vorschriften sollten deshalb nur gewählt werden, wenn die Mitarbeiter keine Freiheitsgrade bei der Umsetzung benötigen oder keine Freiheitsgrade erwünscht sind, da Gesetze umgesetzt werden sollen oder die Reputation geschützt werden soll.

Kontrolle und Sanktionierung bei der Prozesssteuerung

Bereits bei der Konzeption einer Prozesssteuerung sollte bedacht werden, wie eine Kontrolle und Sanktionierung erfolgen kann

Die Festlegung von Compliance-Vorschriften und Vorschriften innerhalb von Geschäftsprozessen allein ist nicht ausreichend. Eine wirksame Prozesssteuerung kann nur dann erfolgen, wenn eine Kontrolle der Einhaltung der Prozessvorgaben und eine Sanktionierung eines eventuellen Fehlverhaltens existieren.

»Wenn jemand gegen die vertraglich vereinbarten Umwelt- und Sozialstandards verstößt, wird ein Prozess eingeleitet, der zur Beendigung des Lieferantenverhältnisses führen kann.« (Nachhaltigkeitsverantwortlicher)

Deshalb sollte bereits bei der Festlegung der Vorgaben bedacht werden, wie eine spätere Überprüfung stattfinden kann, welche Eskalationsverfahren möglich sind, wer über die Sanktionierung entscheidet und welche Sanktionen erfolgen können. So wird in einem der von uns befragten Unternehmen derzeit an einer Investitionsrichtlinie gearbeitet. Für dieses Unternehmen stellt sich die Frage, wer nach Abschluss der Investition prüft, ob diese die vorher zugesagte Energieeffizienz aufweist und welche Folgen es hat, wenn die tatsächliche Energieeffizienz unterhalb der zugesagten Energieeffizienz liegt. Diese Überlegungen finden in diesem Fall bereits bei der Konzeption der Prozessvorgabe statt, um spätere Probleme zu vermeiden.

Ferner hängt eine erfolgreiche Prozesssteuerung von der Information und Schulung der Mitarbeiter ab. Compliance-Vorschriften und Vorgaben innerhalb von Geschäftsprozessen müssen effizient an die Mitarbeiter kommuniziert werden. Hierfür bieten sich Präsenz- und Onlineschulungen sowie Wettbewerbe an. In manchen Ländern können Unternehmen rechtliche Folgen für sich bei einem Verstoß ihrer Mitarbeiter gegen geltende Gesetze nur abwenden, wenn sie Compliance-Vorschriften, die diesen Sachverhalt regeln, haben und diese in entsprechender Art und Weise an die Mitarbeiter kommuniziert haben.

Zielsteuerung

Die durchgeführte Untersuchung hat gezeigt, dass eine Zielsteuerung von Nachhaltigkeit bei der Leistungserstellung bei den befragten Unternehmen auf ganz unterschiedliche Art und Weise erfolgt. Dies ist darauf zurückzuführen, dass auch bei der Umsetzung des Themas innerhalb der normalen Unternehmensorganisation und mithilfe von Projekten große Unterschiede bestehen. Ziel des folgenden Abschnitts ist es deshalb, verschiedene Formen der Zielsteuerung darzustellen und dabei aufzuzeigen, unter welchen Voraussetzungen sich welche Form der Zielsteuerung anbietet. Wir stellen keine Patentlösung für die Zielsteuerung von Nachhaltigkeit vor, sondern geben vielmehr eine differenzierte Antwort auf die Frage einer kontextabhängigen Ausgestaltung. Zudem widmet sich der Abschnitt der Frage, warum bei dem Aufbau einer Zielsteuerung von Nachhaltigkeit bei der Leistungserstellung bislang große Probleme bestehen.

Grundlagen einer Zielsteuerung von Nachhaltigkeit

Eine Zielsteuerung kann zum einen darauf ausgerichtet sein, die Abschöpfung des Marktpotenzials, das es beim Thema Nachhaltigkeit gibt, zu realisieren (Steuerung des Marktpotenzials). Zum anderen kann eine Zielsteuerung auch daraufhin ausgerichtet und implementiert werden, die Leistungserstellung nachhaltiger zu gestalten (Zielsteuerung der Leistungserstellung). Für den Aufbau einer Zielsteuerung zur Abschöpfung des Marktpotenzials bestehen schon heute weitestgehend die erforderlichen Grundlagen. Bei der Informationsversorgung zum Thema Nachhaltigkeit in der Leistungserstellung muss die Basis für eine Zielsteuerung häufig erst noch aufgebaut werden.

Zur Erinnerung: Beim Abschöpfen des Marktpotenzials von Nachhaltigkeit geht es für die Unternehmen darum, die Chancen am Markt durch die Entwicklung neuer, nachhaltigerer Produkte zu nutzen und die Risiken, die durch das Thema Nachhaltigkeit beim bestehenden Produktportfolio entstehen, zu reduzieren. Der Aufbau der dafür benötigten Zielsteuerung ist relativ einfach. Die Zielsteuerung zur Realisierung des Marktpotenzials kann für existierende Produkte auf das Informationssystem und die dort abgebildeten Produktumsätze zurückgreifen. Auch die Steuerung dieser Produkte erfolgt heute schon im Rahmen der operativen Umsatzplanung und -kontrolle. Deshalb geht es in diesem Fall nur darum, sicherzustellen, dass die heute schon existierenden Produkte, die zum Thema Nachhaltigkeit verkauft werden, in der Steuerung in einer adäquaten Art und Weise beachtet werden. Zudem muss sichergestellt werden, dass bei Produktneu- und -weiterentwicklungen das Thema Nachhaltigkeit berücksichtigt wird. Dies kann durch Vorgaben innerhalb des Innovationsprozesses (siehe auch Kapitel 5 Unternehmensbeispiel: Berücksichtigung des Themas Nachhaltigkeit innerhalb des Innovationsprozesses bei der Henkel AG & Co. KGaA) und durch eine

Die Grundlagen für eine Zielsteuerung des Marktpotenzials existieren bereits; bei der Leistungserstellung fehlen sie häufig noch

Berücksichtigung des Themas bei der strategischen Planung erfolgen (siehe auch Kapitel 3 zur Nachhaltigkeitsstrategie).

Der Aufbau einer Zielsteuerung zur nachhaltigeren Gestaltung der Leistungserstellung stellt hingegen eine größere Herausforderung dar. Meist existiert in den Unternehmen heute noch nicht die notwendige Datenbasis, um Nachhaltigkeit in der Leistungserstellung zu steuern. Deshalb muss in diesem Fall als erster Schritt eine entsprechende Datenbasis der meist nicht-monetären Kennzahlen – wie zum Beispiel der Abfall- und Abwassermengen oder des CO_2-Ausstoßes – aufgebaut werden. Erst in einem nächsten Schritt kann dann daran gearbeitet werden, diese Daten in die bestehende Steuerung zu integrieren.

Zielsteuerung von Nachhaltigkeit

Bei einer hohen Bedeutung sollte das Thema in die Regelsteuerung integriert werden

Wenn das Thema Nachhaltigkeit eine hohe Bedeutung für das Marktpotenzial eines Unternehmens hat, sollten die Produkte, die zu diesem Thema heute und zukünftig verkauft werden, in der finanziellen Regelsteuerung berücksichtigt werden (siehe Abbildung 14). Dies bedeutet zum einen, dass diese Produkte in Berichten separat ausgewiesen werden sollten, indem zum Beispiel nachhaltige Produkte oder Produktgruppen extra aufgeführt werden. Zum anderen sollten diese Produkte in der operativen Steuerung bei der Planung, Incentivierung und Kontrolle gesondert berücksichtigt werden. Darüber hinaus sollte das Thema Nachhaltigkeit in die strategische Planung aufgenommen werden, damit bei der Neu- und Weiterentwicklung von Produkten sowie Veränderungen der Unternehmensstrategie auf dieses Thema geachtet wird (siehe auch Kapitel 3 zur Nachhaltigkeitsstrategie). Beispielsweise kann es für Unternehmen der IT-Branche hilfreich für die Abschöpfung des Marktpotenzials sein, wenn sie den Umsatz mit Softwarelösungen zum Thema Nachhaltigkeit separat ausweisen, planen, incentivieren und kontrollieren. Dadurch würde ein verstärktes Augenmerk auf diese Produkte gelegt werden.

Sollte Nachhaltigkeit von hoher Bedeutung für die Leistungserstellung sein, so ist es wichtig, dass das Thema in die bestehende finanzielle Regelsteuerung aufgenommen wird (siehe Abbildung 14). Hierbei sollte analog zur Zielsteuerung des Marktpotenzials sichergestellt werden, dass die dafür wichtigen Nachhaltigkeitsaspekte, in Form von entsprechenden Kennzahlen, in den Berichten zur Verfügung gestellt werden. Dies kann zum Beispiel bedeuten, dass die Anzahl der Arbeitsunfälle oder die bei der Produktion entstehenden Emissionsmengen in das Berichtswesen aufgenommen werden. Ferner sollten die für das Unternehmen wichtigen Nachhaltigkeitsaspekte durch eine Planung, Incentivierung und Kontrolle Teil des operativen Planungsprozesses werden. Darüber hinaus kann es auch hier wichtig sein, dass das Thema in die strategische Planung integriert wird, damit es auch bei langfristigen Entscheidungen, die die Leistungserstellung betreffen, berücksichtigt wird (siehe auch Kapitel 3 zur Nachhaltigkeitsstrategie). Für ein Unternehmen der Logistikbranche als Beispiel bedeutet das, die CO_2-Emissionsmengen, die beim Gütertransport entstehen, auszuweisen und im normalen operativen Planungsprozess zu berücksichtigen.

Eine Steuerung sollte aber auch dann erfolgen, wenn Nachhaltigkeit für das Marktpotenzial oder die Leistungserstellung nur von geringer Bedeutung ist (siehe Abbildung 12). Auch hier kann es wichtig sein, dass der Umsatz eines bestimmten Produktes, das unter dem Thema Nachhaltigkeit verkauft wird, oder eines bestimmten Nachhaltigkeitsaspektes, der für die Leistungserstellung wichtig ist, in Berichten erscheint und gesteuert wird. Jedoch handelt es sich in diesem Fall um Einzelthemen, die nur einen oder wenige Bereiche des Unternehmens betreffen. Deshalb sollte in diesem Fall das Thema selektiv für die davon betroffenen Bereiche in das Reporting und in die operative Steuerung aufgenommen werden. Für ein Handelsunternehmen kann zum Beispiel das Thema nachhaltiger Fischfang eine wichtige Rolle spielen. In diesem Fall sollten Fischprodukte, die dieses Kriterium erfüllen, separat in den Berichten der dafür zuständigen Personen ausgewiesen und dieses Thema auch in diesem Bereich innerhalb des operativen Planungsprozesses berücksichtigt werden. Nachhaltige Produkte in allen Berichten des Unternehmens separat auszuweisen und zu steuern wäre jedoch

Bei einer geringen Bedeutung sollten nur wichtige Einzelthemen gesteuert werden

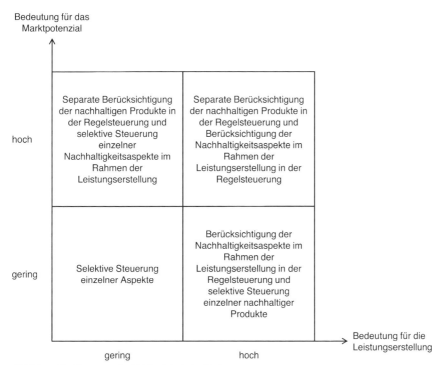

Abbildung 12: Steuerung in Abhängigkeit der Bedeutung des Marktpotenzials und der Leistungserstellung

nicht notwendig und sinnvoll, da Nachhaltigkeit in den anderen Bereichen nur ein Randthema darstellt.

Studienergebnisse zur Zielsteuerung

Eines der befragten Unternehmen berichtete ausführlich von der Steuerung einer Produktgruppe, deren Hauptverkaufsargument das Thema Nachhaltigkeit ist. Alle anderen befragten Unternehmen thematisierten eine spezifische Steuerung der nachhaltigen Produkte nicht. Für das Unternehmen, das im Interview auf die Steuerung seiner nachhaltigen Produkte einging, ist das Thema Nachhaltigkeit schon heute ein wichtiges Thema beim Produktverkauf. Knapp 20 Prozent des Unternehmensumsatzes sind diesen nachhaltigen Produkten zuzurechnen. Zudem sind diese Produkte sehr profitabel und werden durch die zunehmende Bedeutung von Nachhaltigkeit in Zukunft noch stärker nachgefragt werden. Entsprechend weist dieses Unternehmen den Umsatz mit diesen Produkten separat auf Produkt- und Länderebene in der monatlichen Berichterstattung aus. Ferner plant dieses Unternehmen den Umsatz mit diesen Produkten separat und nutzt diese Umsatzzahlen als Zielgrößen für die Incentivierung seiner Manager.

Bevor wir nun die Zielsteuerung innerhalb der Leistungserstellung betrachten, wollen wir vorab noch auf die Organisationsform, mithilfe derer die Umsetzung des Themas erfolgt, eingehen, da diese einen großen Einfluss auf die Steuerung hat. Die befragten Unternehmen organisieren die Umsetzung des Themas Nachhaltigkeit in der Leistungserstellung entweder eher über eine Linienorganisation oder über eine Projektorganisation. Erfolgt die Umsetzung im Rahmen der Linienorganisation, so berücksichtigen Manager das Thema innerhalb ihres normalen Aufgabenspektrums. Die Abstimmung bereichsübergreifender Fragestellungen erfolgt mithilfe von Meetings. Wird Nachhaltigkeit eher über eine Projektorganisation umgesetzt, so werden Mitarbeiter aus verschiedenen Bereichen komplett oder teilweise von ihren normalen Aufgaben freigestellt, um mit Mitarbeitern aus anderen Bereichen außerhalb der normalen Hierarchien an diesem Thema zu arbeiten.

Die von den Unternehmen gewählte Organisationsform ist von der Bedeutung der Thematik abhängig. Die Unternehmen, für die das Thema von hoher Bedeutung für die Leistungserstellung ist, nutzen hauptsächlich die Linienorganisation (siehe Abbildung 13). Für die anderen Unternehmen ergibt sich dagegen ein uneinheitliches Bild. Hier gibt es sowohl Unternehmen, die die Linienorganisation gewählt haben, als auch Unternehmen, die das Thema stärker über eine Projektorganisation umsetzen (siehe Abbildung 13).

Die Organisation der Umsetzung von Nachhaltigkeit in der Leistungserstellung bestimmt maßgeblich die Ausgestaltung der Steuerung. Unternehmen, die das Thema stärker über die Linienorganisation umsetzen, integrieren das Thema auf verschiedene Arten in ihre finanzielle Regelsteuerung. Hingegen wird in Unternehmen, die das Thema stärker über die Projektorganisation umsetzen, eine Projektsteuerung gewählt (siehe Abbildung 13).

Bisher findet noch selten eine bewusste Steuerung des Marktpotenzials der nachhaltigen Produkte statt

Die Umsetzung des Themas in der Leistungserstellung kann sowohl über die Linienorganisation als auch über eine Projektorganisation erfolgen

Innerhalb der Studie konnten wir drei unterschiedliche Formen erkennen, wie Unternehmen das Thema in ihre finanzielle Regelsteuerung integrieren: (1) Einbindung des Themas in ihre normalen Regelsteuerungsprozesse im gesamten Unternehmen, (2) nur in einzelnen Unternehmensbereichen erfolgende Aufnahme des Themas in die Regelsteuerung, (3) Steuerung des Themas durch Vorjahresvergleiche und ein Benchmarking zwischen einzelnen Produktionsstandorten. Die Unternehmen, für die Nachhaltigkeit von hoher Bedeutung ist, haben einen der ersten beiden Wege gewählt. Zwei Unternehmen arbeiten derzeit daran, das Thema Nachhaltigkeit in ihre Regelsteuerung im gesamten Unternehmen zu integrieren. Bei diesen beiden Unternehmen beschränkt sich Nachhaltigkeit auf einen Hauptaspekt, CO_2. Dadurch wird der Regelsteuerungsprozess durch die Integration von Nachhaltigkeit nicht deutlich komplexer. Zudem sind bei diesen Unternehmen alle Unternehmensbereiche ähnlich stark von der Thematik betroffen. Im Falle einer stark unterschiedlichen Betroffenheit kann eine Integration von Nachhaltigkeit in die Regelsteuerung für nur einzelne Unternehmensbereiche die passende Alternative sein – wir haben sie auch in zwei Fällen vorgefunden. In unserem Sample haben schließlich nur die Unternehmen, für die Nachhaltigkeit in der Leistungserstellung von geringer Bedeutung ist, auf einen Vergleich der aktuellen Werte mit den Werten des Vorjahres oder ein Benchmarking zwischen einzelnen Produktionsstandorten zurückgegriffen. Für sie ist es sinnvoll, das Thema nicht in die Regelsteuerung aufzunehmen, da es diese unnötig komplex machen würde.

Für Unternehmen, die eine Projektsteuerung gewählt haben, ist Nachhaltigkeit bei der Leistungserstellung von geringer Bedeutung. Hier hat unsere Studie zwei weitere Modelle aufgedeckt, (4) die Steuerung von Einzelprojekten und (5) die Steuerung des Projektportfolios aller Nachhaltigkeitsprojekte. Bei Ersterem durchlaufen die Nachhaltigkeitsprojekte – wie alle anderen Projekte im Unternehmen auch – einen Projektgenehmigungsprozess, innerhalb dessen die technischen und finanziellen

Bei einer Umsetzung innerhalb der Linienorganisation wird das Thema meist in die finanzielle Regelsteuerung integriert

Bei einer Umsetzung im Rahmen einer Projektorganisation wird das Thema mithilfe einer Projektsteuerung gesteuert

Abbildung 13: Steuerungsformen bei der Steuerung von Nachhaltigkeit in der Leistungserstellung

Unternehmen legen Nachhaltigkeitsziele basierend auf Schätzungen oder mithilfe von Wettbewerbervergleichen fest

Aspekte des Projektes geprüft werden. Nach Abschluss des Projektes erfolgt dann eine entsprechende Kontrolle des Projektresultates. Bei einer Projektportfoliosteuerung aller Nachhaltigkeitsprojekte wird zu Beginn eine umfassende Analyse durchgeführt und basierend auf dieser Analyse ein Nachhaltigkeitsprogramm mit entsprechenden Einzelprojekten initiiert (siehe Kapitel 3 zur Durchführung einer strategischen Analyse). Durch regelmäßige Reviews werden die Umsetzung des Programms und die Zielerreichung kontrolliert. Eine Steuerung im Rahmen von Einzelprojekten stellt damit den minimalen Steuerungsumfang innerhalb einer Projektsteuerung dar, die dann gewählt werden sollte, wenn nur einzelne Aspekte adressiert werden sollen. Die Wahl einer Projektportfoliosteuerung bietet sich an, wenn zur Umsetzung des Themas Nachhaltigkeit in der Leistungserstellung viele Einzelprojekte durchgeführt werden, eine zeitliche Staffelung der Projekte gegeben ist oder größere Interdependenzen zwischen den Projekten bestehen.

Studienergebnisse zu Problemen bei der Zielsteuerung der Leistungserstellung

Eine mangelnde Informationsversorgung kann zu Problemen bei allen Prozessschritten der Zielsteuerung der Leistungserstellung führen

Der Zielsteuerungsprozess besteht im Generellen aus vier Phasen – der Zielfestlegung, der Zielkaskadierung, der Incentivierung der Ziele und der Zielkontrolle. Die Studie hat gezeigt, dass es in jeder Phase dieses Prozesses bei den Unternehmen zu Problemen kommt. Dies liegt daran, dass die Informationsversorgung derzeit noch nicht die notwendige Verlässlichkeit und Detaillierung aufweist. Dieses Problem wird von den befragten Unternehmen als wesentlicher Grund dafür angeführt, warum die Zielsteuerung in der Leistungserstellung bislang noch nicht erfolgreich ist.

»Wir sind noch extrem weit weg davon, dass man die Zahlen sauber für die einzelnen Legal Entities ausweisen könnte.« (Controller)

Die Zielfestlegung geschieht bei den befragten Unternehmen meist Top-Down. Dabei haben die Unternehmen die Zielhöhe mithilfe von Schätzungen und Vergleichen mit Wettbewerbern festgelegt.

»Das CO_2-Senkungsziel wurde auf Grundlage der Ziele anderer Unternehmen festgelegt. Ein wirklicher Prozess der systematischen Zielentwicklung steckt nicht dahinter.« (Controller)

Zudem bestehen Unterschiede bezüglich des Zeithorizontes und der Einheit der Ziele, zum Beispiel Tonnen CO_2. Einige Unternehmen haben Ziele mit einem Zeithorizont von einem Jahr gewählt, während sich andere Unternehmen Ziele bis 2020 gesetzt haben. Der Vorteil eines sehr langfristigen Ziels ist es, dass mehr Zeit für die Zielerreichung besteht und somit auch längerfristige Maßnahmen ergriffen und Korrekturen im Prozess vorgenommen werden können. Ein langer Zeithorizont sollte jedoch nicht dazu führen, dass ein Unternehmen zunächst untätig bleibt. In Hinblick auf die Einheit der Ziele haben die meisten Unternehmen relative Ziele festgelegt, wie zum Beispiel eine Senkung der Energiemenge pro Tonne Produktionsmenge. Ein relatives Ziel schützt Unternehmen davor, dass die Erreichung des Nachhaltigkeitsziels bei einem Umsatzwachstum oder bei Hinzukäufen schwierig oder unmöglich wird. Auf der anderen Seite gibt es Unternehmen, die ein absolutes Ziel gewählt haben. Ein Unternehmen schließlich hat sich sowohl relative als auch absolute Ziele gesetzt: In Unternehmensbereichen, welche konjunkturbedingt sehr anfällig für Umsatzschwankungen sind, finden sich relative Ziele, in Geschäftsbereichen mit einer stabilen Umsatzentwicklung absolute Ziele.

Das beschriebene Vorgehen bei der Zielfestlegung führt zu mehreren Problemen. So wurde zum Beispiel von mehreren Unternehmen berichtet, dass man sich zu ambitionierte Ziele gesetzt hat.

»*In neun Jahren wurden die Emissionen um 2,3 Prozent gesenkt. Ziel ist eine Senkung um 25 Prozent bis 2020.*« (Nachhaltigkeitsverantwortlicher)

Zudem wurde von einigen Unternehmen angemerkt, dass es bei der Festlegung der Ziele noch unklar war, wie man diese erreichen wollte.

»*Erst im Nachhinein hat man sich überlegt, wie man die Einsparungen hinbekommt.*« (Controller)

Beim nächsten Prozessschritt, der Kaskadierung der Ziele, zeigte die Studie, dass die Unternehmen die Nachhaltigkeitsziele weniger auf Länderebene, sondern eher auf divisionaler und funktionaler Ebene kaskadiert haben. Nur ein Unternehmen hat die Ziele auf einzelne Jahre verteilt. Ein solches Vorgehen ist deshalb wichtig, weil so am besten Korrekturen bei der Umsetzung angestoßen werden können, wenn keine entsprechenden Verbesserungen stattfinden. Eine Kaskadierung der Ziele, so zeigen unsere Interviews, ist für die Unternehmen schwierig, da die genauen Potenziale nicht bekannt sind und die Nachhaltigkeitsabteilung oftmals nicht über entsprechende Durchgriffsmöglichkeiten verfügt.

Weiterhin brachte die Studie zum Vorschein, dass es bisher in den Unternehmen noch keine flächendeckende Incentivierung zum Thema Nachhaltigkeit gibt. Über Nachhaltigkeitsziele incentiviert werden derzeit die Nachhaltigkeitsverantwortlichen, das Topmanagement und Funktionsbereichsverantwortliche, für die das Thema Nachhaltigkeit besonders wichtig ist (zum Beispiel Facility Manager). Eine breitere Incentivierung wird oftmals dadurch behindert, dass die Datenbasis häufig noch nicht die notwendige Verlässlichkeit aufweist. Bedenken bezüglich der Genauigkeit der Datenbasis sind verständlich, da derzeit in den Unternehmen häufig noch Verfahrensanpassungen stattfinden und in einigen Bereichen noch mit Schätzungen gearbeitet wird.

»*Für eine Incentivierung der Nachhaltigkeitsziele ist die Belastbarkeit der Daten noch nicht ausreichend.*« (Carbon Accounting Verantwortlicher)

Ferner ist natürlich eine Incentivierung der operativen Verantwortlichen nur dann möglich, wenn Ziele kaskadiert werden.

Beim letzten Schritt innerhalb der Zielsteuerung, der Kontrolle der Zielerreichung, zeigten die Interviews, dass viele Unternehmen auf Basis der jährlich stattfindenden Datenerhebung eine Kontrolle der Ziele durchführen. Zudem wird die Zielerreichung der umgesetzten Maßnahmen kontrolliert. Ferner erfolgt ein Benchmarking zwischen einzelnen Standorten, um einen Best-Practice-Austausch zu erreichen (siehe auch

Eine Incentivierung findet bislang noch nicht flächendeckend statt

Eine Kaskadierung der Ziele ist zum Teil schwierig, da die genauen Potenziale nicht bekannt sind

Eine Kontrolle der Ziele findet meist auf Basis der jährlich stattfindenden Datenerhebung statt

Kapitel 5 zu Studienergebnisse zur Zielsteuerung).

»*Die Standorte werden untereinander verglichen. Falls Abweichungen festgestellt werden, werden Lösungsalternativen zentral vorgeschlagen, die an anderen Standorten mit ähnlichen Problemen verwendet werden.*« (Nachhaltigkeitsverantwortlicher)

In einigen Interviews wurde jedoch erwähnt, dass bisher noch kein Bewusstsein für die Wichtigkeit einer Kontrolle der Zielerreichung besteht.

»*Fragt man, wie weit man mit dem CO_2-Ziel ist, wird man mit großen Augen angeschaut.*« (Controller)

Im folgenden Unternehmensbeispiel stellt Deutsche Post DHL dar, wie sie eine Zielsteuerung des Themas CO_2 verwirklicht.

Unternehmensbeispiel: Aufbau einer Zielsteuerung bei Deutsche Post DHL

Für Hintergrundinformationen siehe Unternehmensbeispiel aus Kapitel 3.

Zielsteuerung

Unter dem Motto »Die Post für Deutschland. The logistics company for the world.« ist Deutsche Post DHL der weltweit führende Post- und Logistikdienstleister.

Mit einer Flotte von circa 120.000 Fahrzeugen und 147 Flugzeugen sowie einer großen Zahl von Subunternehmern hatte der Konzern dabei im Jahr 2010 einen CO_2-Fußabdruck von insgesamt 28,2 Millionen Tonnen, davon 6 Millionen Tonnen als direkte oder indirekte Emissionen aus eigener Flotte und eigenen Gebäuden, in den so genannten Scopes 1 und 2. Mit dem GoGreen-Programm hat sich der Konzern ambitionierte Ziele gesetzt, seine CO_2-Effizienz zu verbessern (siehe Kapitel 3).

Der Finanzbereich des Konzerns unterstützt GoGreen zur Erreichung dieser Ziele durch ein eigenes »Carbon Accounting & Controlling«-Programm. Das kurz »CAC« genannte Team treibt den Aufbau von Prozessen und Systemen zur Erfassung beziehungsweise Berechnung der für das Management der CO_2-Effizienz benötigten Daten sowie die Entwicklung von Verfahren zur Analyse, Planung und Kontrolle der CO_2-Effizienz voran. Dabei arbeiten im CAC-Team Finanzexperten aus der Konzernzentrale und den Divisionen sehr eng mit den Umweltexperten des GoGreen-Programms zusammen.

Bereits seit Mitte 2009 ist der Konzern in der Lage, seine CO_2-Emissionen aus eigener Flotte und eigenen Gebäuden monatlich im Konzerninformationssystem zu berichten. Durch Integration mit Belegerfassungsprozessen des Rechnungswesens und durch die Nutzung der Infrastrukturen des Finanzsystems konnte ein sowohl effizienter als auch qualitativ hochwertige Daten liefernder Prozess entwickelt werden. Erfassung und Kalkulation folgen dabei dem Greenhouse-Gas-Protocol und der ISO 14064 Norm, die durch eine interne Richtlinie operationalisiert worden sind.

Zurzeit wird daran gearbeitet, auch für die CO_2-Emissionen der Subunternehmer (so genannter Scope 3), die heute teilweise noch mit manuellem Aufwand berechnet werden, regelmäßige und automatisierte Erfassungs- und Berechnungsprozesse aufzubauen und auch diese in das Berichtswesen zu integrieren. In folgenden Phasen ist zudem eine Integration von Planungen zur CO_2-Effizienz mit den Daten der konzernweiten finanziellen Planung vorgesehen.

Schon heute lassen sich die Zahlen des Carbon Accountings durch die Einbindung in das Konzerninformationssystem gemeinsam mit den finanziellen und anderen nichtfinanziellen Indikatoren auswerten und zu aussagekräftigen Kennzahlen kombinieren. Hierzu gibt es sowohl Standardberichte, als auch die Möglichkeit, freie Analysen auf dem Datenbestand durchzuführen.

Auf dieser Grundlage war es möglich, die CO_2-Effizienz zum festen Bestandteil regelmäßiger Management-Gespräche zu machen und so in die Steuerung des Konzerns einzubetten. Parallel dazu wurde CO_2-Effizienz als Kriterium zur Bewertung von Investitionen in der Emissionsrichtlinie des Konzerns festgeschrieben und in den Standardprozess zur Analyse und Bewertung von Investitionsvorschlägen integriert. Durch laufende Auswertungen speziell durch Anwender in den Divisionen gelingt es regelmäßig, neue Potenziale aufzudecken, Entwicklungen zu prognostizieren und die Entwicklung neuer Maßnahmen zur Effizienzsteigerung zielgerecht zu lenken.

Mit der dargestellten Unterstützung von Dialog- und Entscheidungsprozessen, aber auch durch die Diskussion von Mess- und Zielgrößen ist es Deutsche Post DHL daher gelungen, über ein reines »Carbon Accounting« hier bereits erste Bausteine eines »Carbon Controllings« zu etablieren, welches durch das CAC-Team und GoGreen laufend weiterentwickelt wird.

(Quelle: CAC-Programm, Deutsche Post DHL)

Zusammenfassung

Eine Steuerung des Themas Nachhaltigkeit kann sowohl zur Realisierung des Marktpotenzials als auch zur Unterstützung der nachhaltigen Gestaltung der Leistungserstellung erfolgen. Zu diesem Zweck stehen unterschiedliche Formen der Steuerung zur Verfügung. Sie umfassen Steuerungsinstrumente mit einer informellen Steuerungswirkung, wie eine Unternehmenskultur oder eine Strategie, ebenso wie Steuerungsinstrumente mit einer formellen Steuerungswirkung, wie eine Prozess- und Zielsteuerung. Letztere erlauben es, bestimmte Ziele oder ein bestimmtes Vorgehen detaillierter vorzugeben. Bei der Steuerung des Themas Nachhaltigkeit sollte das komplette Repertoire an Steuerungsformen bedacht werden, um den für das Unternehmen optimalen Mix an Steuerungsinstrumenten auszuwählen.

Eine Prozesssteuerung, so zeigte die empirische Untersuchung, wird von den Unternehmen insbesondere im Innovations-, Investitions- und Beschaffungsprozess genutzt, um dort Vorgaben zur Umsetzung von Nachhaltigkeit zu machen. Dazu verwenden Unternehmen sowohl Compliance-Vorschriften als auch Vorgaben innerhalb von Geschäftsprozessen. Für die befragten Unternehmen hat sich diese Art der Steuerung bewährt. Nur bei der Nutzung von Compliance-Vorschriften, die über die gesetzlichen Anforderungen hinausgehen, sind sie zögerlich, um das positive Image des Themas in der Mitarbeiterschaft nicht zu gefährden. Wenn Nachhaltigkeit für ein Unternehmen nur von geringer Bedeutung ist, sollten Vorgaben innerhalb der Geschäftsprozesse nur sehr selektiv angewendet werden, um keine falsche Fokussierung vorzunehmen beziehungsweise die Steuerung unnötig komplex zu machen.

Eine Zielsteuerung, so zeigte die Untersuchung, wird im Vergleich zu einer Prozesssteuerung seltener von Unternehmen genutzt. Für die Realisierung des Marktpotenzials kann sie dadurch erreicht werden, dass der Umsatz mit nachhaltigen Produkten separat im Reporting und bei der operativen Planung ausgewiesen und berücksichtigt wird. Bei einer Zielsteuerung zur Erreichung einer nachhaltigeren Leistungserstellung bestehen größere Herausforderungen, da hier zuerst eine entsprechende Informationsversorgung aufgebaut werden muss. Besteht diese Informationsversorgung nicht in einer ausreichenden Detaillierung und Verlässlichkeit, so kommt es bei der Festlegung, Kaskadierung, Incentivierung und Kontrolle der Nachhaltigkeitsziele zu Problemen. Weiterhin veranschaulicht die Untersuchung, dass es unterschiedliche Formen der Zielsteuerung bei der Leistungserstellung gibt. Diese lassen sich in eine Zielsteuerung im Rahmen einer Regelsteuerung und eine Zielsteuerung im Rahmen einer Projektsteuerung unterteilen. Die optimale Form der Zielsteuerung für ein Unternehmen ist von der Organisationsform der Umsetzung und der Bedeutung des Themas abhängig.

6 Rolle des Controllings bei der Steuerung von Nachhaltigkeit

In den bisherigen Kapiteln wurden die Bedeutung von Nachhaltigkeit und die Umsetzung von Nachhaltigkeit im Unternehmen thematisiert – darunter auch verschiedene Formen der Steuerung. Die Frage nach den Verantwortlichkeiten bei der Steuerung des Themas wurde jedoch noch nicht beantwortet. Das Controlling ist in Unternehmen für die Steuerung wichtiger Themen mit verantwortlich. Wie in den vorherigen Kapiteln bereits dargestellt, kann Nachhaltigkeit ein solches wichtiges Thema für ein Unternehmen sein. Ist das Controlling somit auch für die Steuerung von Nachhaltigkeit verantwortlich? Das Ziel des folgenden Kapitels ist es, eine Hilfestellung bei dieser Entscheidung zu geben.

Mögliche Rollen des Controllings bei der Steuerung von Nachhaltigkeit

Auf den folgenden Seiten soll auf die unterschiedlichen Rollen des Controllings und wichtige Einflussfaktoren für diese Rollen eingegangen werden. Dabei kann die Beteiligung des Controllings an der Steuerung von Nachhaltigkeit in den seltensten Fällen auf der grünen Wiese entschieden werden. Wichtige Faktoren, die bei dieser Entscheidung nicht ausgeblendet werden können, sind das entsprechende Know-how, das das Controlling zum Thema Nachhaltigkeit haben muss, und die Frage, ob es nicht Abteilungen im Unternehmen gibt, die bereits für die Steuerung der Thematik verantwortlich sind. Beide Faktoren werden die Entscheidung wesentlich beeinflussen.

Mögliche verantwortliche Bereiche

Grundsätzlich kommen zwei Bereiche infrage, die dafür prädestiniert sind, eine Mitverantwortung für die Steuerung von Nachhaltigkeit zu übernehmen. Auf der einen Seite ist das die für das Thema Nachhaltigkeit fachlich verantwortliche Abteilung und auf der anderen Seite das Controlling. In Großunternehmen existieren mittlerweile überwiegend eigenständige Nachhaltigkeitsabteilungen, die sich um das Thema kümmern – bei kleinen und mittelständischen Unternehmen übernimmt diese Funktion häufig der Technik-, Produktions- oder Personalbereich. Diese Abteilungen haben in der Vergangenheit viel interdisziplinäres Know-how zum Thema Nachhaltigkeit aufgebaut und tragen historisch eine Mitverant-

Die Verantwortung für die Steuerung von Nachhaltigkeit kann die fachlich verantwortliche Abteilung oder das Controlling übernehmen

wortung für die Steuerung der Thematik.

»Die Mitarbeiter der Nachhaltigkeitsabteilung decken alle relevanten Ausbildungstypen ab. Es gibt Pharmazeuten, Chemiker, Betriebswirte, Ingenieure und Kommunikationswissenschaftler, da die Themen einmal quer durch den Gemüsegarten gehen.«
(Nachhaltigkeitsverantwortlicher)

Das Controlling besitzt auf der anderen Seite wichtiges Steuerungs- und Finanz-Know-how. Zudem trägt das Controlling die Verantwortung für die bestehenden Reportingstrukturen und Informationssysteme im Unternehmen und hat innerhalb des Regelsteuerungsprozesses Zugriff auf alle Unternehmensbereiche.

Wir wollen die Zuordnungsfrage im Folgenden – wie es der Intention der Schriftenreihe entspricht – aus der Sicht des Controllings betrachten. Wiederum zeigt sich dabei, dass es kein »one size fits all« gibt, sondern die Zuordnung sehr vom jeweiligen Kontext bestimmt wird.

Rolle des Controllings

Betrachten wir zunächst den Fall, dass die Bedeutung von Nachhaltigkeit für das Marktpotenzial im Unternehmen hoch ist. In diesem Fall sollte – wie gezeigt – der Umsatz mit nachhaltigen Produkten separat ausgewiesen und diese Produkte auch separat in der operativen Planung berücksichtigt werden (siehe auch Kapitel 5 zur Zielsteuerung von Nachhaltigkeit). Ferner sollte sichergestellt sein, dass diese Produkte auch in der strategischen Planung berücksichtigt werden, damit entsprechende Produktneu- und Produktweiterentwicklungen stattfinden. In diesem Fall ist die Zuordnungsfrage einfach zu entscheiden: Da das Controlling bereits heute für die bestehenden Reportingstrukturen und Informationssysteme sowie für die operative und strategische Planung verantwortlich ist, sollte es auch die Verantwortung für die Regelsteuerung der nachhaltigen Produkte übernehmen (siehe Abbildung 14).

Im Kapitel 5 haben wir ferner postuliert, dass das Thema Nachhaltigkeit bei einer hohen Bedeutung für die Leistungserstellung in die finanzielle Regelsteuerung aufgenommen werden sollte. Dies bedeutet, dass die Nachhaltigkeitsaspekte – durch entsprechende Kennzahlen repräsentiert – in diesen Prozess integriert werden sollten. Folglich spricht auch hier viel dafür, die Verantwortung für die Integration der für die Leistungserstellung wichtigen Nachhaltigkeitsaspekte in das Reporting und die operative sowie strategische Planung dem Controlling zuzuweisen, welches Prozessowner der Regelsteuerung ist (siehe Abbildung 16). Dadurch lässt sich vermeiden, eine parallele Regelsteuerung (Doppelstrukturen) für Nachhaltigkeit aufzubauen, die die Komplexität im Unternehmen erhöht. Ein erhöhter Planungsaufwand für die Manager wäre ebenso die Folge wie ein entsprechender Koordinationsbedarf zwischen den beiden Abteilungen. Weist das Thema Nachhaltigkeit sehr viele unterschiedliche und sehr spezifische Aspekte auf, muss das Controlling allerdings eng mit der fachlich für das Thema Nachhaltigkeit verantwortlichen Abteilung kooperieren – dies gerade auch zu Beginn, wenn das Controlling das entsprechende Know-how noch nicht aufgebaut hat.

Bei einer hohen Bedeutung sollte das Controlling die Verantwortung für die Integration von Nachhaltigkeit in die finanzielle Regelsteuerung übernehmen

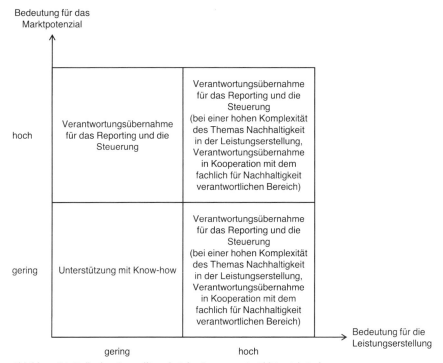

Abbildung 14: Rolle des Controllings bei der Steuerung in Abhängigkeit der Bedeutung des Marktpotenzials und der Leistungserstellung

Das kann etwa bedeuten, dass das Controlling den Prozess zur Verfügung stellt und die fachlich verantwortliche Abteilung die Inhalte zuliefert. Beispielsweise könnte das Controlling ein Feld zum Thema Nachhaltigkeit in das Softwareplanungstool einfügen, welches von allen Bereichen im Rahmen des Planungsprozesses ausgefüllt werden muss. Die Nachhaltigkeitsabteilung könnte dann die Bottom-up-Planung plausibilisieren.

Im Falle einer nur geringen Bedeutung des Themas Nachhaltigkeit für das Marktpotenzial oder die Leistungserstellung sollten nur einzelne wichtige Aspekte der Thematik selektiv gesteuert werden (siehe auch Kapitel 5 zur Zielsteuerung von Nachhaltigkeit). Hierfür ist es nicht notwendig, dass das Thema Nachhaltigkeit in die finanzielle Regelsteuerung integriert wird. Somit sollte in diesem Fall das Controlling keine Mitverantwortung für die Steuerung der Thematik übernehmen. Das Controlling kann dann vielmehr durch sein Steuerungs-Know-how den Fachbereich oder die für das Thema Nachhaltigkeit verantwortliche Abteilung bei einzelnen Fragestellungen unterstützen (siehe Abbildung 14). Eine solche Unterstützung ist zum Beispiel beim Aufbau von Reportingstrukturen oder eines Planungsprozesses hilfreich.

Bei einer geringen Bedeutung sollte das Controlling durch sein Know-how bei der Steuerung unterstützen

Die Komplexität der Thematik ist ein wichtiger Einflussfaktor für die Rolle des Controllings bei der Steuerung

Die Rolle des Controllings bei der Steuerung hängt von der Bedeutung der Thematik ab

Studienergebnisse zur Rolle des Controllings bei der Steuerung von Nachhaltigkeit

Unsere empirische Studie unterstützt die vorangegangenen konzeptionellen Überlegungen. Dies betrifft schon den offensichtlichen Fall der Steuerung des Marktpotenzials: Ein Unternehmen, das seine nachhaltigen Produkte separat in Berichten ausweist und separat im Planungsprozess berücksichtigt, weist dem Controlling eine Mitverantwortung für die Steuerung zu. Es ist sehr naheliegend, dass das Controlling hier sehr stark involviert ist, da es die Verantwortung für die Erfassung und den Ausweis der Produktumsätze und die Umsatzplanung hat.

Für die Position des Controllings bei der Steuerung von Nachhaltigkeit in der Leistungserstellung konnten wir drei verschiedene Rollen feststellen: (1) Mitverantwortung für die Steuerung, (2) Unterstützung bei der Steuerung und (3) Nichtbeteiligung an der Steuerung (siehe Abbildung 15). Bei Unternehmen, für die das Thema eine hohe Bedeutung bei der Leistungserstellung hat, finden wir den Fall, dass das Controlling eine Mitverantwortung für die Steuerung übernimmt. Hier beschränkt sich die Zielsteuerung hauptsächlich auf das Thema CO_2. Dadurch reduziert sich zum einen die Komplexität der Steuerung auf nur einen Aspekt. Zum anderen ergibt sich eine große Ähnlichkeit zwischen dem Carbon Accounting beziehungsweise dem Carbon Controlling und den bestehenden Finanzprozessen, da sich CO_2-Emissionen recht einfach quantitativ ausdrücken und monetarisieren lassen.

»*Das Thema Nachhaltigkeit ist einfach, da wir nur den Block CO_2-Emissionen zu optimieren haben.*« *(Controller)*

»*Die Verantwortung für Carbon Accounting liegt im Funktionsbereich des Finanzvorstandes, da es den normalen Prozessen in Finance nahekommt oder identisch ist.*« *(Carbon Accounting Verantwortlicher)*

Bei den Unternehmen, bei denen die Thematik eine hohe Komplexität aufweist, trägt das Controlling nicht die Verantwortung für die Steuerung von Nachhaltigkeit. Dabei drückt sich eine hohe Komplexität häufig dadurch aus, dass es sehr viele unterschiedliche Unterthemen mit entsprechenden Kennzahlen beim Thema Nachhaltigkeit zu steuern gilt. Somit scheint die Komplexität, die Nachhaltigkeit in einem Unternehmen hat, einen wichtigen Einfluss auf die Rolle des Controllings zu nehmen.

Besitzt das Thema Nachhaltigkeit eine geringe Bedeutung für die Leistungserstellung, so konnten wir wiederum zwei Rollen identifizieren, die das Controlling einnimmt. Zum einen gibt es die Fälle, bei denen das Controlling keine Verantwortung übernimmt. Hier liegt die Verantwortung für die Steuerung der Thematik bei der Abteilung, die fachlich für das Thema Nachhaltigkeit zuständig ist. Die Steuerung erfolgt in diesem Fall mithilfe eines Benchmarkings zwischen einzelnen Produktionsstandorten und einem Vergleich der aktuellen Zahlen mit den Ergebnissen des Vorjahres. Bei den Unternehmen, bei denen das Thema mithilfe eines Projektcontrollings gesteuert wird, ist das Controlling unterstützend bei der Steuerung tätig. Die Unterstützung bezieht sich auf Hilfestellungen bei der Entwicklung, Bewertung und Überprüfung der Umsetzung der Nachhaltigkeitsmaßnahmen. Dabei geht es meist darum, die finanziellen Implikationen der Maßnahmen zu bestimmen.

»Den Link zwischen Emissionen und Finanzzahlen herzustellen, kriegen wir ohne das Controlling nicht hin.« (Carbon Accounting Verantwortlicher)

»Werden sinnvolle Maßnahmen identifiziert, werden sie dem Finanzbereich vorgelegt. Dieser würde sagen, in welcher Zeit sie sich rechnen würden beziehungsweise wie sie finanziert werden könnten.« (Carbon Accounting Verantwortlicher)

Somit lässt sich ein weiteres wichtiges Kriterium identifizieren, das über die Beteiligung des Controllings an der Steuerung entscheidet, nämlich die Art der Steuerung. Handelt es sich um eine Projektsteuerung oder um eine Projektportfoliosteuerung, so nimmt das Controlling eine unterstützende Rolle ein. Handelt es sich um eine Steuerung mithilfe eines Benchmarkings zwischen den einzelnen Standorten und einem Vergleich der aktuellen Zahlen zu den Zahlen des Vorjahres, so ist das Controlling nicht beteiligt.

Gründe für und gegen eine Beteiligung des Controllings

Innerhalb unserer Studie wurde durch die Interviewpartner eine Liste von Argumenten angeführt, die für und gegen eine Beteiligung des Controllings an der Steuerung von Nachhaltigkeit in der Leistungserstellung sprechen. Diese seien im Folgenden vorgestellt. Sie sind zum Teil widersprüchlich, weil sie von unterschiedlichen Gegebenheiten ausgehen. So wird einmal das Argument angeführt, dass das Controlling eine Mitverantwortung übernehmen soll, da die Steuerung von Nachhaltigkeit große Ähnlichkeit mit der bisherigen Steuerung aufweist. Auf der anderen Seite wurde das Argument genannt, dass das Controlling nicht beteiligt sein sollte, da gerade keine Ähnlichkeit zwischen der derzeitigen Steuerung und der Steue-

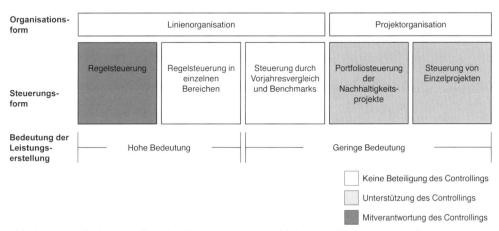

Abbildung 15: Rolle des Controllings bei der Steuerung von Nachhaltigkeit in der Leistungserstellung

rung von Nachhaltigkeit besteht. Beide Aussagen gehen von sehr unterschiedlichen Gegebenheiten aus – in einem Fall ging es darum, nur das Thema CO_2 zu steuern, im anderen Fall sollten viele unterschiedliche Aspekte in sehr komplexen Produktionsprozessen gesteuert werden. Dies verdeutlicht, dass es keine optimale Rolle des Controllings bei der Thematik gibt, sondern dass ein sorgsames Abwägen unter Berücksichtigung des Umfeldes stattfinden sollte, bevor eine Entscheidung für oder gegen die Beteiligung des Controllings getroffen wird.

Gründe für eine Beteiligung des Controllings

Gründe für eine Beteiligung: System- und Methodenkompetenz, Prozessownerschaft der Regelsteuerung, Glaubwürdigkeit und Rolle als Rationalitätssicherer

Für eine Beteiligung des Controllings spricht seine System- und Methodenkompetenz, seine Rolle als Prozessowner bei der finanziellen Regelsteuerung, seine Glaubwürdigkeit und seine Rolle als Rationalitätssicherer des Managements. Gehen wir die Punkte im Einzelnen durch.

Als ein wichtiger Grund wurde die System- und Methodenkompetenz des Controllings aufgeführt. Zum Beispiel kann das Controlling mit seinem Knowhow, das es bei der Balanced Scorecard besitzt, unterstützen, wenn das Thema Nachhaltigkeit in die bestehende Balanced Scorecard integriert oder eine Balanced Scorecard für die Thematik entwickelt werden soll.

»Die Thematik ins System einzubauen, ist Handwerkszeug des Controllings.« (Nachhaltigkeitsverantwortlicher)

»Bei dem Thema wird das spezifische Wissen des Controllings in den Bereichen des Reportings, der Planung, Zielsetzung und Integration verlangt.« (Controller)

Bei einer hohen Bedeutung der Thematik für ein Unternehmen kann das Controlling zudem der Enabler für die Einbindung der Thematik in die finanzielle Regelsteuerung sein. Würde ein anderer Unternehmensbereich die Verantwortung für die Steuerung übernehmen, so müsste er dafür auf die komplette Organisation zugreifen. Hierzu wären entsprechende Durchgriffsmöglichkeiten erforderlich. Ferner müsste der Bereich eine parallele Regelsteuerung aufbauen, was zu Doppelstrukturen führen würde, oder er müsste das Thema Nachhaltigkeit in Kooperation mit dem Controlling in den Regelsteuerungsprozess des Controllings integrieren.

Weiterhin besitzen Informationen aus dem Controlling eine hohe Glaubwürdigkeit im Unternehmen. Diese Reputation des Controllings würde sich auf die Daten, welche das Controlling zum Thema Nachhaltigkeit veröffentlicht, übertragen (siehe auch Kapitel 5 zu den Studienergebnissen zu Problemen bei der Zielsteuerung der Leistungserstellung). Innerhalb eines der befragten Unternehmen hat das Controlling die Verantwortung für die Informationsversorgung beim Thema Nachhaltigkeit übernommen. Dadurch hat sich die Glaubwürdigkeit der Daten im Unternehmen deutlich erhöht.

Zudem hat das Controlling im Unternehmen die Rolle, die Rationalität des Managements zu sichern. Um dieser Rolle gerecht zu werden, sollte das Controlling eine Mitverantwortung für die Steuerung der Thematik übernehmen. So wurden in den Interviews mehrere Entscheidungssituationen zum Thema Nachhaltigkeit beschrieben, in denen das Controlling sich deutlich positioniert hat, um eine ökonomisch nicht optimale Entscheidung zu verhindern oder ein stärkeres Engagement der Top-Führungskräfte bei der Thematik zu erwirken.

Gründe gegen eine Beteiligung des Controllings

Auf der anderen Seite gibt es auch gute Gründe, die gegen eine Beteiligung des Controllings an der Steuerung von Nachhaltigkeit sprechen: Eine hohe Komplexität der Thematik, dadurch, dass viele unterschiedliche Nachhaltigkeitsaspekte zu steuern sind, eine fehlende Ähnlichkeit mit bestehenden Tätigkeiten im Controlling, eine mangelnde Relevanz des Themas Nachhaltigkeit und existierende Organisationsstrukturen. So ist häufig schon die fachlich für das Thema Nachhaltigkeit verantwortliche Abteilung für die Steuerung zuständig. In manchen Unternehmen, zum Beispiel in der Chemiebranche, ist das Thema Nachhaltigkeit sehr komplex. Hier müssen sehr unterschiedliche Kennzahlen und komplexe Produktionsprozesse gesteuert werden. Zudem hat der Gesetzgeber hier viele Vorschriften erlassen, die zu beachten sind. In diesem Fall würde eine Mitverantwortung des Controllings an der Steuerung dazu führen, dass umfangreiches Know-how im Controlling aufgebaut werden müsste.

»*In unserem Geschäftsfeld ist das Thema zu komplex [für das Controlling].*« *(Nachhaltigkeitsverantwortlicher)*

Zudem wurde uns das Argument genannt, dass die Steuerung von Nachhaltigkeit nur wenig Ähnlichkeit mit den bestehenden Tätigkeiten im Controlling hat und sich unter diesem Gesichtspunkt keine Synergien ergeben. Dies ist dann der Fall, wenn es bei der Steuerung von Nachhaltigkeit primär darum geht sicherzustellen, dass die gesetzlichen Vorschriften eingehalten werden und die Produktionsprozesse optimal und somit so umweltfreundlich wie möglich ablaufen. Diese Fragestellungen haben wenig mit den bestehenden Aufgaben des Controllings gemein.

»*Aber da ist wirklich so viel Artfremdes dabei, dass ich sage: No!*« *(Controller)*

Ferner ist für manche Unternehmen das Thema Nachhaltigkeit nicht von hoher Bedeutung. Hier wird mit Blick auf einen effizienten Ressourceneinsatz im Controlling eine Beteiligung an der Steuerung abgelehnt.

Zuletzt können auch organisatorische Aspekte gegen eine Beteiligung des Controllings sprechen. In manchen Unternehmen wird Nachhaltigkeit bereits durch eine andere Abteilung gesteuert. Solange hier keine Effizienzverluste entstehen und die Steuerung erfolgreich durchgeführt wird, sprechen wenige Argumente dafür, an diesen Verantwortlichkeiten etwas zu ändern. Effizienzverluste treten insbesondere dann auf, wenn Doppelstrukturen zur Steuerung von Nachhaltigkeit aufgebaut werden.

Das nachfolgende Interview mit Mark Deinert, der das Controlling der SAP leitet, beleuchtet, welche Rolle das Controlling bei SAP beim Thema Nachhaltigkeit hat und was die Hintergründe dafür sind.

Gründe gegen eine Beteiligung: hohe Komplexität der Thematik, fehlende Ähnlichkeit mit bestehenden Tätigkeiten, mangelnde Relevanz und existierende Organisationsstrukturen

Unternehmensbeispiel: Die Rolle des Controllings bei der Steuerung des Themas Nachhaltigkeit bei der SAP AG

SAP AG

Als weltweit führender Anbieter von betriebswirtschaftlicher Software hat die SAP AG im Geschäftsjahr 2010 einen Umsatz in Höhe von 12,5 Mrd. Euro erzielt und betreut mittlerweile mehr als 170 000 Kunden in über 120 Ländern. SAP bietet Kundenlösungen an, die zu mehr Nachhaltigkeit in allen Bereichen beitragen und Kunden helfen, rechtliche Vorschriften einzuhalten, Ressourcen effizient einzusetzen, Lieferketten zu optimieren und Nachhaltigkeit zu managen sowie darüber Bericht zu erstatten.

Mark Deinert

Mark Deinert studierte Betriebswirtschaftslehre mit den Schwerpunkten Industriebetriebslehre und Betriebswirtschaftliche Steuerlehre an den Universitäten Bayreuth und Mannheim. Seine Laufbahn bei der SAP AG begann 1995 in Japan, wo er zunächst im Bereich der Implementierungsberatung als Controller arbeitete. Später war er zuständig für die Region North East Asia, bevor er nach Deutschland wechselte. Dort unterstützte er zu Beginn die Umstellung von HGB zu US GAAP durch die Einführung des Umsatzkostenverfahrens und arbeitete als Assistent des kaufmännischen Leiters des Konzerns, bevor er als Controller die Region Europa betreute. Seit 2001 leitet Herr Deinert den Bereich Controlling des SAP-Konzerns.

Herr Deinert, Nachhaltigkeit ist häufig noch ein wenig greifbares Thema. Entsprechend schwer fällt es vielen Unternehmen, herauszufinden, welche Bedeutung das Thema für sie hat. Hat SAP analysiert, welche Bedeutung Nachhaltigkeit für das Unternehmen hat?

SAP hat 2008 ungefähr 100 Interviews mit Kunden, Analysten und Partnern durchgeführt, um zu verstehen, wie wichtig das Thema für die SAP ist. Die Interviews haben gezeigt, dass Nachhaltigkeit ein Thema von zunehmender Bedeutung ist, bei dem SAP Verantwortung übernehmen muss. Dieser Verantwortung kommt SAP auf zwei Wegen nach. Zum einen durch einen möglichst sparsamen Umgang des Unternehmens mit den bestehenden Ressourcen und zum anderen dadurch, dass SAP seinen Kunden technische Möglichkeiten aufzeigt, die es ihnen ermöglichen, nachhaltiger zu wirtschaften. Softwarelösungen von SAP werden in vielen Unternehmen weltweit eingesetzt. Somit hat SAP durch seine Produkte einen großen Hebel, um die Wirtschaft nachhaltiger zu gestalten.

Was heißt nachhaltiges Wirtschaften konkret für SAP? Wie setzen Sie das Thema um und wie steuern Sie es?

Auf der einen Seite haben wir uns als Unternehmen sehr ambitionierte Nachhaltigkeitsziele gesetzt. So wollen wir unter anderem trotz eines voraussichtlich deutlichen Umsatzwachstums unseren CO_2-Ausstoß bis 2020 wieder auf das Niveau von 2000 reduzieren. Dafür haben wir unseren CO_2-Ausstoß gemessen und

Reduktionsmaßnahmen nach der Carbon Cost Abatement Curve Methode identifiziert und bewertet. Zudem überwachen wir unsere Zielerreichung mithilfe von Quartalsberichten. Auf der anderen Seite arbeiten wir daran, unser Geschäft mit nachhaltigen Kundenlösungen auszubauen. Wir bieten unseren Kunden eine Softwarelösung an, die es ihnen ermöglicht, ihre Emissionen zu erfassen und Reduktionsmaßnahmen abzuleiten. Der Umsatzanteil dieser Kundenlösung ist heute noch gering. Wir gehen aber in Zukunft von steigenden Umsätzen in diesem Bereich aus.

Welche Rolle nimmt das Controlling derzeit bei der Steuerung dieser Aktivitäten ein?

Das Controlling war von Anfang an bei der Erstellung der Carbon Cost Abatement Curve und der Entwicklung der Klimastrategie involviert. Ein Mitarbeiter aus dem Controlling war seit Projektbeginn im Team zur Umsetzung von Nachhaltigkeit vertreten. Ein wichtiger Beitrag, den das Controlling leistet, ist die Verlinkung der Emissionen und der Finanzkennzahlen. So hat das Controlling zum Beispiel CO_2- und Kosteneffekte der Mitarbeiterflugreisen innerhalb eines Dashboards sichtbar gemacht, die Kostenersparnis einer Stromreduktion berechnet oder Simulationen zu den Emissionseffekten der geplanten Umsatz- und Gewinnentwicklung erstellt. Bei der laufenden Umsetzung der Nachhaltigkeitsaktivitäten unterstützt das Controlling durch die Berechnung der Business Cases der einzelnen Maßnahmen und deren Kontrolle.

Wird sich an dieser Rolle zukünftig etwas ändern?

Obgleich das Controlling von Anfang an involviert war, so waren wir dennoch eher begleitend tätig, und es stellt sich in der Tat die Frage, ob dies nach vorne gerichtet ausreichen wird. Wir sehen für uns selbst und auch für unsere Kunden enorme Potenziale durch das Thema Nachhaltigkeit und werden daher gar nicht umhinkommen, diese Aspekte fest in unsere Regelprozesse sowie die Unternehmenssysteme zu integrieren. So ist es nur konsequent, die CO_2-Effizienz bei jeder Investitionsentscheidung zu berücksichtigen. Momentan sind wir noch zu sehr mit Aspekten der Datenqualität, Informationsversorgung und der Schließung des Regelkreises von Planung und Kontrolle beschäftigt. Zukünftig müssen wir stärker unsere Rolle eines pro-aktiven Business Partners wahrnehmen, um der strategischen Bedeutung des Themas gerecht werden zu können.

Zusammenfassung

Generell bieten sich zwei Bereiche im Unternehmen für die Steuerung von Nachhaltigkeit an – die verantwortliche Fachabteilung für das Thema Nachhaltigkeit und das Controlling. Während die Fachabteilung sich durch entsprechendes Fachwissen zum Thema auszeichnet, kann das Controlling darauf verweisen, dass es die Verantwortung für die Informations- und Reportingsysteme trägt sowie die Prozessownerschaft für den Regelsteuerungsprozess und wichtiges Steuerungs- und Finanz-Know-how besitzt.

Wenn das Thema Nachhaltigkeit eine hohe Bedeutung für das Marktpotenzial hat, dann sollte das Controlling die Verantwortung dafür übernehmen, dass die betreffenden Produkte separat im Reporting ausgewiesen und entsprechend in der operativen und strategischen Planung berücksichtigt werden. Grund hierfür ist, dass das Controlling bereits heute das Reporting der Produktumsätze und die operative und strategische Planung von Produkten verantwortet. Hat Nachhaltigkeit eine hohe Bedeutung für die Leistungserstellung, sollte das Controlling auch hier dafür Sorge tragen, dass wichtige Nachhaltigkeitsaspekte durch entsprechende Kennzahlen im Reporting abgebildet und in der operativen und strategischen Planung berücksichtigt werden. Bei einer hohen Komplexität des Themas Nachhaltigkeit bietet es sich hier an, eng mit der fachlich verantwortlichen Abteilung zusammenzuarbeiten, da diese das größte Know-how zur Thematik im Unternehmen besitzt. Dies soll verhindern, dass durch eine andere Abteilung Doppelstrukturen zur Steuerung der Thematik in der Leistungserstellung aufgebaut werden. Wenn die Bedeutung des Themas für das Marktpotenzial oder die Leistungserstellung gering ist, sollten nur wichtige Aspekte in einzelnen Bereichen gesteuert werden. Hier sollte das Controlling mit seinem Steuerungs-Know-how unterstützen.

Innerhalb der Untersuchung zeigt sich, dass das Controlling bei einer hohen Bedeutung von Nachhaltigkeit für die Leistungserstellung entweder für die Steuerung eine Mitverantwortung übernimmt oder nicht verantwortlich ist. Dies hängt von der Komplexität der Thematik ab. Bei einer geringen Bedeutung von Nachhaltigkeit in der Leistungserstellung ist das Controlling entweder nicht für die Steuerung verantwortlich, wenn die Steuerung etwa über Vorjahresvergleiche und ein Benchmarking erfolgt, oder unterstützt bei der Steuerung, wenn es sich um eine Projektportfoliosteuerung oder eine Einzelprojektsteuerung handelt.

Gründe, die für eine Beteiligung des Controllings an der Steuerung sprechen, sind seine System- und Methodenkompetenz, seine Prozessownerschaft für die finanzielle Regelsteuerung, seine Glaubwürdigkeit und seine Rolle als Rationalitätssicherer des Managements. Gründe gegen eine Beteiligung des Controllings an der Steuerung der Thematik sind eine hohe Komplexität der Thematik, eine mangelnde Ähnlichkeit mit bestehenden Aufgaben im Controlling und eine gegebenenfalls geringe Bedeutung des Themas. Zudem spricht gegen eine Beteiligung des Controllings, dass bereits eine andere Abteilung im Unternehmen die Verantwortung für die Steuerung innehat. Somit sollte bei der Entscheidung über die Rolle des Controllings bei der Steuerung von Nachhaltigkeit nicht nur die Bedeutung des Themas in Betracht gezogen werden.

7 Zusammenfassung und Ausblick

Der vorliegende Advanced Controlling-Band hatte das Ziel, drei Fragen zu beantworten: Was ist Nachhaltigkeit? Wie wird Nachhaltigkeit in Unternehmen umgesetzt? Ist Nachhaltigkeit eine Aufgabe für das Controlling? Die Beantwortung der ersten Frage dient dazu, Nachhaltigkeit im Kontext der Unternehmung zu definieren, da es zahlreiche Akteure und Kontextfaktoren gibt, die diesbezüglich Anforderungen an ein Unternehmen stellen. Mit der Beantwortung der zweiten Frage zeigen wir auf, mit welchen Instrumenten und Prozessen Nachhaltigkeit in das laufende Geschäft eines Unternehmens eingebunden wird. Die Antwort auf die dritte Frage gibt Hilfestellungen für das Controlling, sich im Thema Nachhaltigkeit zu positionieren. Insgesamt bieten die vorgestellten Ergebnisse damit Managern wie Controllern eine Orientierung. Sie ordnen das Thema Nachhaltigkeit ein und geben erste Hinweise, wie eine Nachhaltigkeitsstrategie und eine Steuerung des Themas aussehen könnten.

Die bekannteste Nachhaltigkeitsdefinition ist die der Brundtland-Kommission. Sie richtet sich nach dem heutigen Verständnis insbesondere auf die Intergenerationengerechtigkeit als gewünschten nachhaltigen Zustand aus. Durch die Verknappung endlicher Ressourcen wird diese zunehmend eingeschränkt. Dies stellt eine Herausforderung für die gesamte Gesellschaft, also auch für Unternehmen, dar. Dabei operationalisieren Unternehmen ihren Beitrag zur Erzielung eines nachhaltigen Zustandes durch die Handlungsmaxime des ökonomischen Triple-Bottom-Line-Ansatzes. Durch diesen wird der Fokus zwar stärker als zuvor auf ökologische und soziale Aspekte gelenkt. Eine grundlegende Veränderung der Zielhierarchie findet jedoch nicht statt, da lediglich diejenigen ökologischen und sozialen Maßnahmen umgesetzt werden, die einen ökonomischen Mehrwert generieren.

Auslöser für Unternehmen, nachhaltig zu handeln, sind verschiedene externe und interne Akteure und Kontextfaktoren. Die Anforderungen der externen Akteure und Kontextfaktoren können sich dabei auf die Leistungserstellung oder das Marktpotenzial des Unternehmens beziehen. Je nach Ausprägung dieser Anforderungen besitzt das Thema Nachhaltigkeit eine unterschiedlich hohe Bedeutung für ein Unternehmen.

Zur weiteren Strukturierung unserer Argumentation haben wir auf dieser Basis eine Vier-Felder-Matrix abgeleitet, in die Branchen, abhängig von der Bedeutung des Themas Nachhaltigkeit für ihre Leistungserstellung und das Marktpotenzial ihrer Produkte, eingeordnet werden können. Diese Matrix stellt die Grundlage für die Ableitung von Handlungsempfehlungen für Unternehmen einer Branche dar (Soll-Zustand). Unternehmensspezifika (zum Beispiel Skandale oder Präferenzen des Vorstands) lassen aber Abweichungen zu.

Um die Bedeutung von Nachhaltigkeit für das Marktpotenzial und die Leistungserstellung eines Unternehmens zu ermitteln, können speziell für die Nachhaltigkeitsthematik entwickelte Instrumente, wie zum Beispiel der Sustainability Check bei Bayer, verwendet werden. Dadurch lassen sich geeignete Nachhaltigkeitsmaßnahmen identifizieren und bewerten. Aufbauend auf diesen Analyseergebnissen definieren Unternehmen ihre Nachhaltigkeitsstrategie, die durch die Wahl von Fokusfeldern, die Wahl einer strategischen Positionierung und die Definition von Nachhaltigkeitszielen konkretisiert wird. Welche Konkretisierung gewählt werden sollte, hängt wiederum von der Bedeutung der Nachhaltigkeit für das Unternehmen ab. Ist diese hoch, werden unternehmensspezifische Fokusfelder gebildet. Im anderen Fall werden die Fokusfelder meistens nicht unternehmensspezifisch gewählt, sondern lediglich in Anlehnung an Nachhaltigkeitsberichterstattungsstandards festgelegt.

Neben der Nachhaltigkeitsstrategie kann Nachhaltigkeit auch mittels der Unternehmenskultur umgesetzt werden. Dies ist bislang aber nur in wenigen Unternehmen der Fall. Die Verankerung in der Unternehmenskultur lässt sich primär auf die Branchengegebenheiten oder die Anforderungen der Eigentümer zurückführen.

Unabhängig von der Höhe der Bedeutung von Nachhaltigkeit verfolgen alle Unternehmen das Ziel, das Bewusstsein der Mitarbeiter für das Thema zu schärfen. Als zentrales Mittel dienen Vorbilder. So gibt es einige CEOs, die sich gegenüber NGOs zu einer nachhaltigen Unternehmensführung verpflichtet haben. Diese Selbstverpflichtung kann eine Vorbildwirkung auf Mitarbeiter ausüben und sie dazu motivieren, bei ihrem täglichen Handeln auf das Thema Nachhaltigkeit zu achten.

Die dritte betrachtete Form der Umsetzung von Nachhaltigkeit ist die formelle Steuerung der Thematik. Sie kann mithilfe einer Prozess- oder Zielsteuerung erfolgen. Erstere wird von den Unternehmen insbesondere im Innovations-, Investitions- und Beschaffungsprozess genutzt. Dazu verwenden sie sowohl strikte Compliance-Vorschriften als auch Vorgaben innerhalb von Geschäftsprozessen, bei denen ein gewisser Handlungsspielraum besteht. Eine Zielsteuerung ist im Vergleich zu einer Prozesssteuerung seltener in den Unternehmen implementiert, aber auch deutlich aufwendiger bei der Umsetzung, da häufig zuerst eine entsprechende Informationsversorgung aufgebaut werden muss. Die verschiedenen in der Studie vorgefundenen Formen der Zielsteuerung lassen sich in eine Zielsteuerung im Rahmen einer Regelsteuerung oder im Rahmen einer Projektsteuerung unterteilen. Die gewählte Form ist dabei wiederum von der Bedeutung des Themas abhängig.

Das Controlling – so hat unsere Studie gezeigt – ist in Unternehmen unterschiedlich stark an der Steuerung von Nachhaltigkeit beteiligt. Gründe, die für eine Beteiligung sprechen, sind seine System- und Methodenkompetenz, seine Prozessownerschaft für die Regelsteuerung, seine Glaubwürdigkeit und seine Rolle als Rationalitätssicherer des Managements. Dagegen stehen eine hohe Komplexität der Thematik, eine mangelnde Ähnlichkeit mit bestehenden Aufgaben im Controlling und eine gegebenenfalls geringe Bedeutung des Themas. Eine Beteiligung des Controllings macht auch dann weniger Sinn, wenn bereits ein anderer Bereich im Unternehmen die Verantwortung für die Steuerung innehat oder das Unternehmen stark dezentral organisiert ist, was eine einheitliche Steuerung erschwert.

Aus den Ergebnissen der Studie leiten sich interessante Diskussionspunkte ab. Eine erste wesentliche Frage betrifft die Tragfähigkeit des ökonomischen Triple-Bottom-Line-Ansatzes als Konzeptionierung für ein nachhaltiges Unternehmen: Reicht die reine Durchführung von Win-win-Maßnahmen auf Dauer für die Überlebensfähigkeit von Unternehmen aus? Die Anforderung der Gesellschaft an Unternehmen wird angesichts der wachsenden Ressourcenknappheit und der sich deutlicher zeigenden Folgen des Klimawandels weiter zunehmen. Es ist daher fraglich, ob die Dimensionen Ökologie und Soziales nachhaltig als nachrangig eingestuft werden können. Derzeit bietet der ökonomische Triple-Bottom-Line-Ansatz Unternehmen aber die Möglichkeit, sich ökologischer und sozialer aufzustellen und dabei auch noch einen ökonomischen Mehrwert für das Unternehmen zu erzielen. Dieses Potenzial sollte grundsätzlich gehoben werden. Es gibt derzeit genügend Win-win-Maßnahmen, die durchgeführt werden können. Eine grundlegende Veränderung der Zielhierarchie in Unternehmen ist dadurch bislang noch nicht notwendig.

Unsere Studie verdeutlicht weiterhin, dass sich das Thema Nachhaltigkeit in allen befragten Unternehmen derzeit hauptsächlich um ökologische Aspekte dreht. Es könnte sein, dass sich in dieser Dimension eher als in der sozialen Dimension Win-win-Maßnahmen realisieren lassen. Weitestgehend offen ist derzeit, inwiefern und wie zukünftig zusätzliche soziale Aspekte berücksichtigt und gesteuert werden sollten. Die aktuelle Diversity-Debatte deutet darauf hin, dass dieser Dimension in Zukunft mehr Aufmerksamkeit im Vergleich zu den anderen beiden Dimensionen zukommen wird.

Unsere Studie hat darüber hinaus – wenig überraschend – gezeigt, dass Nachhaltigkeit für viele Unternehmen ein wichtiges Zukunftsthema für das Marktpotenzial und/oder die Leistungserstellung darstellt. Von vielen Interviewpartnern wurde darauf hingewiesen, dass sich der Einfluss bestimmter Akteure und Kontextfaktoren aktuell eher noch in einem vertretbaren Rahmen hält, dass die Prognosen aber eine deutliche Zunahme in den kommenden Jahren vorhersagen. Insofern ist die Notwendigkeit gegeben, Nachhaltigkeit zukünftig stärker in den Geschäftsprozessen zu berücksichtigen. Deswegen aber anzunehmen, dass eine Umsetzung von Nachhaltigkeit erst in einigen Jahren erforderlich ist, wäre ein Trugschluss. Die erforderlichen Veränderungsprozesse, zum Beispiel eine Verankerung von Nachhaltigkeit in der Unternehmenskultur, sind langfristiger Natur. Deshalb sollte schon heute mit diesen Veränderungen begonnen werden, um später nicht das Nachsehen gegenüber der Konkurrenz zu haben.

Unsere Studie hat schließlich eine Reihe von Gründen geliefert, die für oder gegen eine Beteiligung des Controllings an der Steuerung von Nachhaltigkeit sprechen. Controller sollten sich vor diesem Hintergrund Gedanken machen, insbesondere mit Blick auf die wachsende Bedeutung von Nachhaltigkeit, wie sie sich im Unternehmen positionieren wollen. Als verantwortlicher Bereich für die finanzielle Steuerung im Unternehmen nehmen Controller die Rolle als Ansprechpartner für das Management beziehungsweise als Business Partner ein. Wenn jedoch im Zuge der wachsenden Bedeutung von Nachhaltigkeit für das Unternehmen ökologische und soziale Größen für die Entscheidungen des Managements an Relevanz gewinnen, gefährdet die Beschränkung auf finanzielle Kennzahlen die Stellung des Controllings als Business Partner. Vor dem Hintergrund, dass der Aufbau entsprechender Controllingsysteme Jahre dauern kann, sollte eine Positionierungsentscheidung eher früher als später getroffen werden.

Das Institut für Management und Controlling (IMC) an der WHU – Otto Beisheim School of Management wird daher die Entwicklung der Nachhaltigkeitsthematik und insbesondere die Entwicklung der Rolle des Controllings bei diesem Thema auch zukünftig weiter verfolgen – und dies gilt entsprechend auch für unsere AC-Schriftenreihe.

8 Literaturverzeichnis

Accenture/United Nations Global Compact (2010): *A New Era of Sustainability – UN Global Compact-Accenture CEO Study 2010.*

adelphi (2010): *Klimaschutz durch Kapitalanlagen. Wirkung von Klima- und Nachhaltigkeitsfonds auf deutsche Aktienunternehmen*, Berlin 2010.

Carbon Disclosure Project (2010): *Carbon Disclosure Project – Deutschland 200 Bericht*, Berlin 2010.

DiMaggio, P. J./Powell, W. W. (1983): »The iron cage revisited: institutional isomorphism and collective rationality in organizational fields«, in: *American Sociological Review*, Jahrgang 48, Heft 2, 147–160.

Forum Nachhaltige Geldanlagen (2010): *Marktbericht Nachhaltige Geldanlagen 2010 – Deutschland, Österreich und die Schweiz*, Berlin 2010.

Hamburgisches WeltWirtschafts Institut/Berenberg Bank (2009): *Strategie 2030 – Mobilität*, Hamburg 2009.

Helvetas (2005): *Helvetas-Wasser-Factsheets*, Zürich, Schweiz 2005.

Herzig, C./Schaltegger, S. (2009): *Wie managen deutsche Unternehmen Nachhaltigkeit? Bekanntheit und Anwendung von Methoden des Nachhaltigkeitsmanagements in den 120 größten Unternehmen Deutschlands*, Lüneburg 2009.

Institut für Demoskopie Allensbach (2010): *Kaufkriterien bei Neuanschaffung eines Handys, Smartphones*, Allensbach 2010.

Internationale Energieagentur (2010): *World Energy Outlook 2010*, Paris 2010.

Isensee, J. (2011): *Green Controlling – Eine neue Herausforderung für den Controller? Relevanz und Herausforderungen der Integration ökologischer Aspekte in das Controlling aus Sicht der Controllingpraxis*, Gauting/Stuttgart 2011.

KPMG (2011): *KPMG-Handbuch zur Nachhaltigkeitsberichterstattung 2008/09 – Deutschlands 100 umsatzstärkste Unternehmen im internationalen Vergleich*, 2. unveränderte Auflage, Frankfurt 2011.

Kutschker, M./Schmid, S. (2008): *Internationales Management*, 6. Auflage, München 2008.

McKinsey (2008): »Addressing consumer concerns about climate change«, in: *The McKinsey Quarterly*, März 2008.

Merchant, K. A./Van der Stede W. A. (2007): *Management Control Systems. Performance Measurement, Evaluation and Incentives*, 2. Auflage, Essex 2007.

Nidumolu, R./Prahalad, C. K./Rangaswami, M. R. (2009): »Why sustainability is now the key driver of innovation«, in: *Harvard Business Review*, Jahrgang 87, Heft 9, 56–64.

Porter, M. E. /Kramer, M. R. (2011): »The Big Idea: Creating Shared Value – How to reinvent capitalism – and unleash a wave of innovation and growth«, in: *Harvard Business Review*, Jahrgang 89, Heft 1–2, 63–77.

Roth, H. P. (2008): »Using Cost Management for Sustainability Efforts«, in: *The Journal of Corporate Accounting & Finance*, Jahrgang 18, Heft 3, 11–18.

Schaltegger, S./Herzig, C./Kleiber, O./Klinke, T./Müller, J. (2007): *Nachhaltigkeitsmanagement in Unternehmen. Von der Idee zur Praxis: Managementansätze zur Umsetzung von Corporate Social Responsibility und Corporate Sustainability*, Wolfsburg 2007.

Scott, W. R. (2008): *Institutions and organizations: ideas and interests*, 3. Auflage, Sage, Thousand Oaks, California 2008.

Stern, N. (2006): *Stern Review on The Economics of Climate Change*, London 2010.

Verbrauchs- und Medienanalyse (2011): *VuMA 2011 Basisauswertung*, http://www.vuma.de/fileadmin/user_upload/meldungen/pdf/VuMA_2011_Berichtsband.pdf.

Vereinte Nationen (1987): *Unsere gemeinsame Zukunft – Der Brundtland-Bericht der Weltkommission für Umwelt und Entwicklung*, Bonn 1987.

Vereinte Nationen (2003): *Weltwasserentwicklungsbericht der Vereinten Nationen*, Bonn 2003.

World Wide Fund For Nature (2010): *Living Planet Report*, Gland, Schweiz 2010.

Wuppertal Institut für Klima, Umwelt, Energie (2003): »Zukunftsfähiger Finanzsektor: Die Nachhaltigkeitsleistung von Banken und Versicherungen«, *Wuppertal Papers* Nr. 129, 2003.

9 Stichwortverzeichnis

a
Analyse
– der Leistungserstellung 50
– des Marktpotenzials 47

b
Balanced Scorecard 53, 96
Banken 21
Benchmarking 85, 87, 94 f., 100
Beschaffungsprozess 75 f., 79, 90, 102
Brundtland-Definition 14 f., 45

c
Carbon Cost Abatement Curve 51, 62, 64, 99
CEO 18, 27 f., 30, 41, 44, 46, 70 ff., 102
Company Carbon Footprint 50 ff.
Compliance-Vorschriften 75 f., 79 f., 90, 102
Controllinginstrumente 52

d
Dow Jones Sustainability Index (DJSI) 21, 44

e
Emissionsrechtehandelssystem (EU ETS) 22

f
Fokusfelder 53 f., 56 ff., 62, 71, 78, 102

g
Geschäftsstrategie 63 f.
Gesetze 75 f., 79 f.
Glaubwürdigkeit 23, 96, 100, 103

i
Incentivierung 82, 84, 86 f., 90
Informationsversorgung 10 f., 81, 86, 90, 96, 99, 102
Innovationsprozess 40, 76 ff.
Interner Stellenwert 41 ff.

Investitionsprozess 76, 79
Investoren 21, 35, 43

k
Kaskadierung der Ziele 87
Kennzahlen 37, 53, 82, 89, 92, 94, 97, 100, 104
Klimawandel 9, 24 f., 33, 39, 49, 103
Know-how 55, 91 ff., 96 f., 100
Kontrolle 68, 72, 80 ff., 86 ff., 90, 99
Kunden 7, 18, 20, 23, 25, 31, 33, 37 ff., 46, 76, 98 f.

l
Leitbild 14, 28 f., 66
Lieferkette 30, 40, 60, 79, 98
Linienorganisation 84

m
Matrix der Bedeutung von Nachhaltigkeit 31, 36
Mitarbeiter 10, 18, 26 ff., 41 f., 44, 46, 54, 56, 64 ff., 77, 79 ff., 84, 92, 99, 102

n
Nachhaltigkeits
– instrumente 50, 53
– skandal 18, 29 f., 46
– strategie 9 f., 14, 26, 31 f., 41, 47, 52 ff., 57, 59, 62 ff., 101 f.
– ziele 10, 26 f., 53, 62 ff., 73, 86 f., 90, 98, 102
– zielhöhe 62
Nicht-Regierungs-Organisationen (NGOs) 14, 18, 23 f., 33, 35, 46

p
Planung 82, 88 ff., 92 f., 96, 99 f.
Politik 15, 18, 22, 25, 33, 46

Projektorganisation 84
Projektsteuerung 84 ff., 90, 95, 102
Prozesssteuerung 73, 75, 89 f., 102

r
Ratingagenturen 18, 20 ff., 33, 35, 46
Rationalitätssicherer 96, 100, 103
Regelsteuerung 82, 84 f., 90, 92 f., 96, 100, 102 f.
Regulierungs
– behörden 18, 22, 25, 34, 46
– vorschriften 22 f., 32, 34, 60, 63
Reporting 29, 59, 83, 90, 92, 96, 100
Reputation 17, 21, 24, 43, 80, 96
Ressourcenknappheit 9, 15 f., 24, 33, 103

s
Soziales Engagement 28
Steuerung
– formelle 69, 75
– informelle 74 f.
Strategische Positionierung 59
Sustainability Check 47 ff., 102

System- und Methodenkompetenz 96, 100, 103

t
Triple-Bottom-Line-Ansatz 16 f.
– ökonomischer 17 f., 45, 50, 53, 59, 62 f., 73, 101, 103
Unternehmenskultur 10, 18, 28 f., 31 f., 41 ff., 46, 65 f., 68 ff., 72, 75, 89, 102, 104

v
Vorbilder 71, 102
Vorgaben 75 f.
Vorgaben innerhalb von Geschäftsprozessen 9 ff., 73, 75 ff., 80, 90 ff., 96 f.
Vorjahresvergleich 85, 100

z
Ziel
– festlegung 86 f.
– hierarchie 18, 45, 73, 101, 103
– steuerung 10, 75, 81 f., 84, 86 ff., 92 ff., 102

In eigener Sache

Ein zentrales Ziel des Instituts für Management und Controlling besteht darin, neueste theoretische Erkenntnisse in die Praxis zu tragen. Dies erfolgt in Vorträgen, Workshops, Arbeitskreisen und im CCM (Center for Controlling & Management), in dem namhafte Großunternehmen mit wissenschaftlichen Mitarbeitern und Studenten eng zusammenarbeiten. Über die Ergebnisse dieser Arbeit wird regelmäßig in der Schriftenreihe Advanced Controlling berichtet. Der Lehrstuhl von Prof. Dr. Dr. h.c. Weber ist seit 2008 Teil des neu gegründeten Instituts für Management und Controlling und arbeitet schon mehr als 15 Jahre eng mit CTcon, einem Spin-off der WHU, zusammen. CTcon ist ein auf Unternehmenssteuerung und Controlling spezialisiertes Beratungs- und Trainingsunternehmen. Seit Jahren setzen führende Konzerne und bedeutende öffentliche Organisationen erfolgreich auf die kompetente Unterstützung von CTcon. Dabei werden die theoretischen Erkenntnisse des Instituts konsequent in innovative Lösungen für die Unternehmenspraxis umgesetzt. Eine gemeinsame praxisbezogene Forschung und ein ständiger fachlicher Gedankenaustausch sind ebenso selbstverständlich wie die Zusammenarbeit in der Hochschulausbildung sowie in maßgeschneiderten Inhouse-Seminaren.

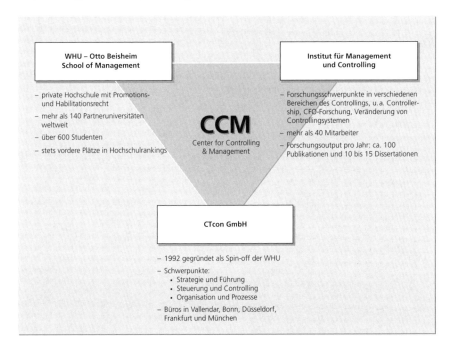